KB182345

올댓카피

올 댓 카피

초판인쇄 2018년 8월 3일
초판 3쇄 2019년 1월 11일

지은이 민재희
펴낸이 채종준
기 획 양동훈
디자인 홍은표
마케팅 문선영

펴낸곳 한국학술정보(주)
주 소 경기도 파주시 회동길 230(문발동)
전 화 031-908-3181(대표)
팩 스 031-908-3189
홈페이지 http://ebook.kstudy.com
E-mail 출판사업부 publish@kstudy.com
등 록 제일산-115호(2000. 6. 19)

ISBN 978-89-268-8499-7 13320

카피라이터가 말하는

카피 쓰기의 모든 것

ALL THAT
COPY

올댓카피

민재희 지음

이담
Books

카피, 잘 쓰고 싶잖아요

"작은 차이가 명품을 만듭니다."
"침대는 가구가 아닙니다."
"나는 긍정의 힘을 믿습니다."
"잠시 꺼두셔도 좋습니다."

오랜 시간이 지난 지금도 많은 사람들이 기억하는 카피가 있다. 소위 '명 카피'라 불리는 카피들이다. 명카피의 공통점은 무엇일까? 바로 시장의 판을 바꾼 카피라는 점이다. 제품을 만드는 사람, 유통하는 사람, 파는 사람, 사는 사람, 사용하는 사람의 삶을 풍요롭게 하는 카피. 그리고 카피를 쓴 사람에게 성취감을 주는 카피. 그런 완벽한 카피를 누구나 원한다. 하지만 그런 카피는 부단한 노력 없이 만들어지지 않는다. 과거엔 카피라이터만 그 역할을 했다. 하지만 지금은 모두가 직접 카피를 쓸 줄 알아야 한다. 그만큼 카피에 대한 부담감도 커졌다.

누구나 쓸 수 있지만, 아무나 쓸 수 없는 카피. 카피를 잘 쓰기 위해서는 어떤 공부가 필요할까? 월등한 카피실력은 배움과 익힘이라는 두 날개 없이는 불가능하다. 카피가 왜 만들어져야 하는지, 어떻게 만드는지를 배우고 체계적인 훈련을 통해 나만의 능력으로 만들어야 한다. 배우되 익히지 않으면 단지 지식으로 머물 뿐이고, 훈련은 하되 기본을 모른다면 실력이 아닌 운에 기댈 수밖에 없다.

〈올 댓 카피〉는 카피라이팅의 시작인 마케팅 지식, 카피를 발상하는 방법, 카피의 다양한 표현법과 그에 해당하는 여러 가지 사례를 소개한다. 〈카피라이터의 TIP〉은 실무에 필요한 카피라이팅 툴을 알려줄 것이고 〈올 댓 카피 실전훈련법〉을 통해 글쓰기에 필요한 훈련을 해볼 수 있다. 말 그대로 카피에 대한 배움과 익힘을 동시에 충족시킬 수 있을 것이다.

직장 상사로부터 카피 압박에 시달리는 직장인들, 자기 회사를 멋지게 소개해줄 카피가 필요한 대표들, 소비자의 취향에 맞는 광고 카피를 고민하는 마케팅 담당자들, 현업 카피라이터, 그리고 카피라이터를 꿈꾸는 예비 광고인들까지. 이 책은 카피를 잘 쓰고 싶은 모든 사람을 위한 입문서이자 실용서가 될 것이다. 책의 내용을 따라가다 보면 어느덧 멋진 카피를 쓰고 있는 자신을 발견할 것이다.

카피, 당신도 잘 쓸 수 있다!
한 줄의 카피가 당신의 인생에 멋진 변화를 일으키길 바란다.

민재희

CONTENTS

chapter 1

카피의 ABC

chapter 2

카피와 마케팅

chapter **5** **카피라이터의 조언**

1
chapter

카피의
ABC

카피, 왜 잘 써야 하는가

"이번 광고 카피, 자네도 한번 써 봐."

당신이 글을 잘 쓰든 못 쓰든 상관없이 '팔기 위한 글'을 써야 할 때가 반드시 온다. 그럴 때 십중팔구는 하얀 백지 앞에 당황하게 될 것이다. 어디서부터 시작해야 할지 막막하기 때문이다.

어떤 이들은 '카피라이터를 고용하거나 외주 업체에 의뢰하면 되지 않느냐'고 되묻는다. 하지만 항상 시간과 예산이 넉넉한 것도 아니고 외주 업체에서 쓴 글이 훌륭할 것이라는 보장도 없다. 상황에 따라 스스로 카피를 써야 하는 순간이 올 수 있다. 카피를 잘 쓰기 위해서는 카피에 대한 이해가 필요하다. 그래야 원하는 카피를 쓸 수 있기 때문이다. 당신은 카피에 대해 제대로 알고 있는가? 많은 사람들이 글쓰기에는 자신감을 보이지만 '카피라이팅'에 대해서는 정확히 알지 못한다. 본인이 처한 상황에 필요한 카피는 무엇인지, 그리고 카피를 잘 쓰려면 어떤 훈련이 필요한지 알아야 한다.

사례 1_ 상사의 카피 압박에 시달리는 회사원

오 대리는 요즘 직속 상사인 팀장을 마주하기가 부담스럽다. 평상시 글 깨나 쓰는 오 대리에게 팀장은 자꾸 '감각적인 카피를 써보라'고 압박하기 때문이다. 회사에서 브랜드 론칭을 준비 중인 제품의 카피를 쓰는 일인데 예산이 적지 않아 임직원들의 관심이 집중된 프로젝트다. 그런 중요한 일을 대리인 본인에게 떠맡기는 것 같아 오 대리는 부담감이 크다. 평상시 책을 많이 읽고 블로그 활동도 꾸준히 해서 글쓰기가 어려운 건 아니다. 하지만 카피는 일반 글쓰기와 다른 것 같아 어떻게 써야 할지 막막하기만 하다. 팀장이 말하는 '감각적인 카피'를 쓰는 방법을 알려줄 곳은 왜 없는 걸까.

사례 2_ 대행사와 소통이 어려운 마케팅 팀장

김 과장은 이번에 이직하면서 마케팅 팀장 직함을 달았다. 평상시 의욕적인 김 팀장이지만 대행사와 회의할 때면 한숨부터 나온다. 분명 A 방향으로 카피를 써오라고 전달했건만 B 방향의 엉뚱한 카피를 갖고 온 것이다. 처음에는 자꾸 시간을 낭비하게 만드는 대행사를 원망했는데 시간이 지나면서 자신의 잘못이 아닐지 헷갈리기 시작했다. '도대체 뭐가 문제지? 어디서부터 자꾸 엇갈리는 거지?' 누군가에게 물어보고 싶어도 팀장이란 직함 때문에 마음 놓고 털어놓을 수도 없다. 김 팀장이 원하는 방향의 카피를 받으려면, 대행사 측에 어떤 카피 가이드를 줘야 할까?

사례 3_ 자신의 브랜드를 알리고 싶은 대표

오랫동안 자신만의 공방을 갖고 싶어 했던 윤정 씨. 결혼과 출산으로 한동안 일을 쉬다가 얼마 전 자신의 꿈이었던 작은 공방을 차렸다. 아이를 키우면서 유기농 제품에 관심이 생긴 그녀는 천연 재료가 들어간 비누나 화장품을 하나둘씩 만들기 시작했다. 처음에는 친구나 가족들에게 선물하거나 소량으로 판매하다가 입소문이 나기 시작하면서 매출이 늘자 본격적으로 사업을 키워보고 싶은 욕심이 생겼다. 친구의 도움을 받아 명함도 파고 홈페이지와 SNS 계정도 만들었다. 평상시 사람들을 만나면 제품에 대해 청산유수로 설명하던 그녀도 막상 홈페이지나 SNS에 글을 올리려니 막막한 기분이 들었다. 평상시 글 쓰는 일에는 소질이 없다고 생각한 탓이다. 그녀가 자신의 사업을 알리기 위한 광고 카피를 쓰려면 어떻게 해야 할까?

사례 4_ 소셜 펀딩을 위한 카피가 필요한 사업자

사회복지사가 꿈인 대학생 현진 씨. 최근 현진 씨의 가장 큰 관심사는 노인복지 문제다. 현진 씨가 어릴 적 할머니의 사랑을 듬뿍 받았기 때문이다. 현진 씨는 동네 어르신들을 도울 수 있는 방안을 고민하다가 골목길에 가로등을 세우는 캠페인을 생각하게 되었다. 캠페인 기획을 혼자서 일주일 만에 완성했지만 자금이 문제였다. 현진 씨는 캠페인을 실행에 옮길 자금을 마련하기 위해 소셜 펀딩을 받기로 한다. 소셜 펀딩 사이트에 캠페인의 취지를 소개하는 글을 올렸다. 하지만 넘어야 할 산이 하나 더 있었다. 많은 사람을 펀딩 사이트로 불러 모을 광고 카피가 필요했다. 어떻게 글을 써야, 어떻게 광고해야 사람들의 관심을 끌 수 있을까?

사례 5_ 광고 회사에 취업하고 싶은 예비 카피라이터

평소 블로그 관리를 열심히 하는 빛나 씨. 졸업 후에 광고 회사에서 카피라이터로 일하는 게 그녀의 소원이다. 카피라이팅과 관련된 교육과정에도 등록해보고 마케팅 강의도 들어봤지만 아직도 궁금한 게 많다. 카피라이팅에 대한 수업이지만 너무 원론적인 내용이라 실제로 어떻게 적용할 수 있을지 모호했기 때문이다. 마케팅 전공도 아니라서 이해하기 어려운 부분도 있고 조언을 구할 수 있는 선배도 없는 상황. 카피라이터가 되고 싶은 그녀는 무엇을 준비해야 할까?

사례 6_ 자기소개서를 멋지게 쓰고 싶은 취업준비생

대학 졸업을 앞둔 진우 씨의 가장 큰 고민은 자기소개서다. 원하는 회사에 들어가려면 서류부터 통과되어야 하는데 가장 큰 걸림돌이 그의 글쓰기 실력이다. 항상 첫 문장은 '엄한 아버지와 자애로우신 어머니 밑에서….'이다. 머리를 쥐어짜도 신선한 문장이 떠오르지 않는다. 실제로 진우 씨와 같은 고민을 하는 사람들이 많을 것이다. 자기소개서는 프로포즈와 같다. 문장 한줄 한줄로 상대의 마음을 움직일 수 있어야 한다. 인사담당자들이 자기소개서를 중요하게 생각하는 이유는, 지원자가 스스로를 어떻게 평가하는지, 남들에게 어떻게 보이고 싶어 하는지 알 수 있기 때문이다. 취업준비생이 카피라이팅 능력을 장착하면 자기소개서가 어떻게 달라질 수 있을까?

자기소개서에 관한 일화를 소개할까 한다. 광고 회사에서 일이 몰릴 때면 아르바이트생을 뽑을 때가 있다. 평소에 광고업에 관심이 있거나 광고를 전공하는 대학생들이 주로 지원한다. 인터뷰를 하기 전에 이력서와 간단한 자기소개서를 먼저 받아 유심히 살펴보는데, 한 여학생의 자기소개서가 눈에 들어왔다. 사진 속 인상은 순했지만 문체는 거침없었다. 그중에서 "저는 이제까지 십여 군데에서 아르바이트를 했습니다. 하지만 일하는 동안 한 번도 지각해본 적이 없습니다." 라는 문구가 눈에 들어왔다. 당연히 그 학생을 뽑게 되었다. 흔히 '저는 성실합니다. 열정적으로 일합니다.'라는 진부한 문장을 쓰는 경우가 많은데 그 학생은 자신의 장점과 상대방이 원하는 것을 카피로 쓸 줄 알았다.

많은 사람들이 카피를 잘 쓰길 원한다. 잘 쓴 카피는 당신이 상상하거나 기대했던 것 이상의 효과를 가져온다. 당신이 카피를 잘 써야 하는 이유이기도 하다. 카피라이팅 능력은 누구나 훈련을 통해 익힐 수 있다. 카피라이터들이 어떤 훈련 과정을 통해 카피를 잘 쓰게 되는지를 배우고 익히다 보면 카피라이터 이상으로 훌륭한 카피를 쓸 수 있을 것이다. 이제 막 자기 사업을 시작하려는 사장님, 마케터, 취업 준비생 등 모두가 카피라이터처럼 글을 잘 쓸 수 있기를 바란다.

카피는 마법의 문장이다

글의 목적은 크게 두 가지로 나뉜다. 문학적인 글_{정서 전달}과 목적이 있는 글_{정보 전달}이다. 문학적인 글이란 시나 소설, 에세이처럼 작가의 주관적인 감성이 실린 글이다. 이런 글을 쓰는 사람들은 독자의 공감을 얻고 글을 통해 사람들과 교감하길 원한다. 반면 정보 전달이 목적인 경우 핵심 내용만 전달하며 이성적으로 접근하는 경우가 많다. 물론 정보 전달이 목적인 글에 정서적 공감까지 더해지면 전달효과는 극대화된다. 카피라이팅은 목적이 있는 글과 문학적인 글이 합쳐진 글이다.

카피 = 목적이 있는 글 + 문학적인 글

"침대는 가구가 아닙니다. 침대는 과학입니다."라는 카피를 예로 들어보자. 누구나 한 번쯤은 들어봤을 이 문장은 1990년대를 풍미했던 에이스침대 광고 카피다. '침대는 가구가 아닙니다.'라는 문장은 어떻게 사람들의 마음을 사로잡았던 것일까? 이 문장은 목적성이 짙은 글이다. 우리가 당연하게 생각했던 관념, '침대는 가구'라는 명제를 부정함으로써 사람들을 이목을 집중시켰다. 그다음 문장인 '침대는 과학입니다.'는 문학적인 표현이다. 침대와 과학은 이렇다 할 연결고리가 없어 보인다. 그러나 상반된 두 단어를 연결하자 이질적이고도 문학적인 느낌의 문장이 탄생했다. 시에서 주로 쓰이는 비유법을 빌린 것이다.

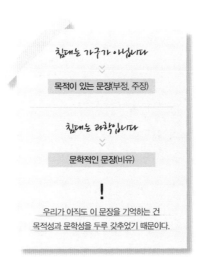

'에이스침대' 하면 아직도 '침대는 가구가 아닙니다.'를 떠올린다. 에이스는 이 카피로 고급 침대 시장의 대표주자로 부상했다. 에이스의 성공은 많은 걸 알려준다. 카피는 마법의 문장이다. 잘 쓴 카피 한 줄이 많은 걸 바꿀 수 있다. 평범한 사람들이 카피라이팅 기술을 터득하게 되면 삶에 변화가 일어난다.

평상시 광고나 카피라이팅에 관심이 없었던 사람들은 '카피, 그냥 쓰면 되는 것 아니냐? 잘 써봤자 그게 그거'라고 생각할지도 모른다. 당연한 말이지만 전문 카피라이터가 아니라면 마음을 움직이는 카피를 접할 기회가 드물다. 그래서 이 책을 통해 에세이나 시보다 더 감성적이면서 마케팅 목적에 충실한 카피들을 차근차근 소개하고자 한다.

나는 사원 시절, 자료실에서 일본 카피라이터들이 쓴 카피를 접하면서 카피의 힘을 실감했다. 한장 한장 넘겨 가며 읽는데 '카피란 참, 멋진 글이구나. 카피라이터도 멋진 직업이구나.'라는 걸 새삼 느꼈다. 카피가 단순히 판매를 위한 글쓰기 작업에 그쳤다면 나는 카피라이터가 되지 않았을 것이다. 멋진 카피엔 사람의 마음을 움직이는 마법 같은 힘이 있었다.

한 줄의 카피가

제품을 팔리게 하고

인재를 채용하고,

회사를 키우고,

가계를 살찌우고,

당신을 더 멋진 사람으로 포장해주고,

성난 이들의 마음을 달래주고,

어려운 이웃을 돕는다.

이게 바로 카피의 마법이다.

아버지가 되면 사진이 훌륭해집니다.

—캐논

그 사람의 사진을 갖고 싶어서 모든 친구를 찍고 있다.

—올림푸스

별이 되어도 달 위를 걷고 있겠지.

—마이클잭슨 추모 전시

사랑이라든지 용기라든지, 보이지 않는 것도 함께 타고 있다.

—JR 큐슈

사랑은 식탁에 있다.

—큐피 마요네즈

모든 인생은 훌륭하다. 누가. 인생을. 마라톤이라 했던가.

—리쿠르트

남자는 떠나고 여자는 또 아름다워진다.

—시세이도

무엇을 읽어도 당신이 등장한다.

—카도카와 무고 출판사

옛날에는 값싼 술로 꿈에 대한 이야기만 했다.
요즘은 비싼 술로 돈에 대한 이야기만 하고 있다.

—스낵바 사쿠라

이겨도, 져도, 어머니는 웁니다.

—아사히방송 고교야구대회

아빠는 가족 소유입니다. 회사 소유가 아닙니다.

—인스턴트커피 블랜디

어디서 태어났냐고 물어보기보다
어디를 여행했냐고 물어보는 것이
그 사람에 대해 알 수 있을 것 같다

—여행사 World Creation

여자는 선물한 것을 잊지 않는다.
선물 받지 못한 것도 잊지 않는다.

― 세이부 백화점

말할 수 없다. 말한다.
말할 수 없다. 말한다.
말로 할 수 없는 것이 훨씬 많기 때문에
사람은 쓴다고 생각합니다.

― pilot 펜

고백을 받았다. 이번엔 천천히 사랑을 해야지.

― 요시노가와 술

카피라이터로 가장 보람을 느꼈을 때는 코카콜라 광고를 담당했던 시절이다. 당시 코카콜라는 시대의 흐름과 싸우고 있었다. 건강을 중요하게 생각하는 사람들이 늘면서 탄산음료 판매량이 줄었고 매출 하락으로 이어졌다. 반면 탄산수나 생과일주스를 콜라의 대안으로 찾는 사람들이 늘어갔다. 건강에 대한 우려, 새로운 음료의 위협은 코카콜라에게 위험요소였다. 그러나 코카콜라 글로벌 팀은 콜라에 대한 선입견을 없애면서 매출을 올릴 수 있는 아이디어를 찾아냈다. 그들은 코카콜라를 음료가 아닌 메신저로 활용하기 시작했다. 코카콜라의 로고를 지우고 그 자리에 누군가에게 보내는 메시지를 쓰는 방법이었다. 그리고 특별한 사람에게 코카콜라를 선물하는 캠페인을 기획했다. 그렇게 탄생한 것이 'share a coke 캠페인'이다.

오리지널 캠페인은 사람들의 이름을 코카콜라에 새겨 해당 이름이 적힌 사람들에게 선물하는 간단한 아이디어였다. 하지만 우리나라는 성과 이름의 조합에 따라 몇만 가지의 경우의 수가 생기기 때문에 이름을 넣는 것은 무리였다. 국내 코카콜라 팀은 이름 대신 무엇을 넣을지 고민했고 여기서 나온 아이디어가 누군가를 위로하거나 응원하고 싶을 때, 고백하거나 사과하고 싶을 때 필요한 말을 넣자는 것이었다. 한글의 특성상 이름을 넣기 힘들다는 한계점도 있었지만, 무엇보다 우리나라 사람들이 마음을 표현하는 데 서툰 점에서 착안한 것이다.

덕분에 코카콜라의 'share a coke 캠페인'은 카피라이터가 마음껏 역량을 펼칠 수 있는 기회였다. 밤새 몇백 개의 카피들이 랜선을 오갔지만 누구 하나 힘든 내색 없이 맡은 임무에 최선을 다했다. 당시 청양靑羊의 해를 맞아 모든 메시지 뒤에 양을 붙여 광고를 만들고 SNS 인플루언서Influencer의 이름을 넣어 선물하는 이벤트도 진행했다.

얼마 후 마법 같은 일이 벌어졌다. 국내에서 주춤하던 코카콜라의 매출이 오름세로 돌아선 것이었다. 많은 사람들이 저마다 선물 받은 코카콜라 사진을 자신의 SNS에 올리기 시작했다. 그 해는 코카콜라 팀 모두가 행복했다. 카피의 마법을 실감하는 순간이었다.

카피도 이름이 있다

슬로건, 헤드라인, 바디카피, 캐치프레이즈, 태그라인…. 카피도 역할에 따라 여러 이름으로 불린다. 그런데 간혹 카피 용어의 뜻을 혼동하여 소통에 지장을 주는 경우가 종종 있다. 슬로건을 헤드라인이라 말하기도 하고 서브헤드나 오버라인을 바디카피로 잘못 아는 경우도 보았다. 그리고 미디어에 따라 같은 카피가 달리 불리기도 한다. 카피 용어를 제대로 이해해야 원활한 소통이 가능하다.

교보생명 홈페이지

슬로건

슬로건은 기업의 철학과 목표를 압축시킨 '메시지'다. 가장 많이 쓰이는 카피의 형태가 슬로건일 것이다. 그만큼 쓰는데 가장 많은 시간과 비용이 들어간다. 일단 슬로건이 정해지면 다양한 미디어에 장기적으로 활용되면서 브랜드의 정체성을 만드는 데에 일조한다.

해외 100대 기업의 슬로건을 보면 기업의 가치와 비전을 친근한 언어로 표현한 카피가 많다. 나이키의 "Just do it", 애플의 "Think Different"가 대표적인 사례다. 반면, 자기 자랑만 늘어놓은 아쉬운 슬로건도 눈에 띈다. "대한민국 1등 기업", "대한민국 넘버원" 같은 카피다. 물론 전략적으로 1등을 강조할 때도 있지만 기본적으로 '나는 1등이야.' 라고 본인이 직접 말하고 다니는 기업에 과연 호감이 생길까?

슬로건 Checklist

✓ 브랜드만의 철학과 비전이 느껴지는가?
✓ 한 번에 쉽게 읽히는가?
✓ 기억하기 쉬운가?

헤드라인

슬로건이 장기적인 기업 정체성을 만들기 위한 카피라면 헤드라인은 단기적 목표를 위해 액션을 독려하는 카피다. 따라서 헤드라인은 '~하세요', '~로 가요'처럼 권유형 문장이 많다. 헤드라인과 슬로건을 헷갈리는 경우가 많다.

신문 광고를 예로 들면, 가장 큰 글씨가 대부분 헤드라인일 가능성이 높다. 신문, 잡지와 같은 인쇄 광고에서는 그만큼 헤드라인의 역할이 중요하다. 헤드라인을 보고 모든 기사를 읽을지 말지 결정한다. 또한 독자의 80%가 헤드라인만 읽는다는 조사 결과도 있다. TV 광고는 인쇄 광고와 달리 헤드라인을 '키카피Key Copy'라고 부른다.

헤드라인 Checklist

✔ 한눈에 관심을 끌 수 있는가?
✔ 바디카피로 관심을 유도하는 데 성공했는가?
✔ 타깃이 명확한가?

오버라인 / 서브헤드

신문 광고에서 헤드라인의 윗줄에 있는 카피를 오버라인, 헤드라인의 아랫줄에 있는 카피를 서브헤드라고 한다. 헤드라인 카피를 꾸며주는 역할을 하거나 오버라인에서 제기하는 문제에 대한 답을 내리는 경우도 있다.

바디카피

바디카피는 브랜드가 드러내고자 하는 바를 논리적으로 풀어서 쓴 글이다. 광고를 왜 만들게 되었고, 이 제품이 어떤 제품이며, 소비자에게 어떤 즐거움을 줄 수 있는지 설명하는 글이다. 현업 카피라이터들에게도 바디카피는 어려운 과제다. 바디카피를 쓰는데 가장 많은 시간을 들이고, 그만큼 쓰는 사람의 내공이 가장 잘 드러난다.

바디카피 Checklist

✓ 기승전결이 명확한가?
✓ 이해하기 쉽게 구성되어 있는가?
✓ 필요한 정보를 충분히 전달하고 있는가?

리드카피

바디카피의 상단이나 하단에 2~3줄 정도의 굵은 글씨로 강조한 문장이 리드카피다. 바디카피가 길어서 읽기 어려울 때, 리드카피만 보면 글쓴이의 의도를 어느 정도 파악할 수 있다.

캡션 / 스펙

캡션 혹은 스펙은 제품의 상세정보를 쓴 카피다. 전자제품 광고 하단에 깨알처럼 적힌 모델명과 세부 기능, 연락처 등 사실에 근거한 정보를 보기 쉽게 정리한 글이다. 같은 정보라도 단순한 문장 나열보다 강조하고 싶은 부분을 카피화하거나 특정 기능별로 범주를 나눠 쓰는 편이 보다 잘 읽힌다.

브랜드의 어원은 "불에 달구어 지지다"라는 뜻의 노르웨이어 'brandr'에서 따왔다. 인두로 가축에 낙인을 찍어 소유물을 표시하던 것에서 유래되었다고 한다. 브랜드 로고는 브랜드나 기업, 기관의 정체성을 담은 자산이다. 유명 브랜드의 로고는 그 자체로 엄청난 프리미엄 효과를 가져오기도 한다.

단순한 것이 늘 최고는 아니지만

최고는 늘 단순하다

– 마가레테 쉬테–리호츠키(건축가)

카피에 대한 오해와 진실

'카피라이터'라고 하면 만나는 사람마다 호기심 가득한 눈으로 질문을
던진다. 카피라이터란 직업에 대해 자세히 아는 사람들이 많지 않은
탓일까. 글 조금 쓰고 쉽게 돈 버는 일 아니냐며 속상한 얘길 들을 때
도 있다. 반대로 카피라이터라는 직업에 관심을 보이는 후배들로부터
상담 요청을 받을 때도 있다. 다음은 그간 받았던 질문과 답을 정리한
것이다. 카피라이터라는 직업에 대한 오해와 궁금증이 풀렸으면 하는
바람이다.

Q 글을 잘 쓰면 카피도 잘 쓸 수 있나요?

글쓰기 실력은 카피라이팅의 기본이다. 문장을 자유자재로 다룰 수 있다면 좋은 카피 문구를 만드는 데 큰 도움이 된다. 그렇다고 너무 낙심할 필요는 없다. 글쓰기 실력은 체계적인 훈련을 통해 얼마든지 좋아질 수 있기 때문이다.

Q 글쓰기는 타고나는 건가요?

개인적으로 음악이나 수학 분야는 타고난 재능이 있어야 한다고 본다. 하지만 글쓰기는 훈련으로 어느 정도 개선할 수 있다. 생각을 정리하고 표현하는 법을 익히는 훈련을 권유한다. 글쓰기는 재능보다는 본인의 노력 여하가 상당 부분을 차지한다.

Q 모든 글을 다 카피라고 하나요?

카피는 세일즈라는 명확한 목표를 가진 글이다. 브랜드나 제품을 팔기 위한 광고 문안이라고 보면 된다. 소설이나 시, 에세이를 카피라고 하지 않는 이유도 이 때문이다. 몇몇 사람들이 명언이나 어록 같은 글을 카피로 생각하는 경우가 있는데 이는 잘못된 것이다.

Q 카피라이터는 카피만 쓰나요?

그렇지 않다. 실제 카피라이터들은 슬로건 한 줄을 고민하는 일 말고도 많은 일을 한다. 라디오나 TV 광고의 아이디어를 짜기도 하고 잡지에 들어갈 기사를 쓰기도 하며, 연예인들의 인터뷰 질문이나 답변지를 사전에 작성해 조율하기도 한다. 심지어 유튜브 콘텐츠의 시나리오를 구성하는 방송작가와 같은 역할도 한다.

최근에는 소셜미디어의 영향으로 기획자나 마케터가 직접 카피를 쓰는 경우도 많다. 카피는 무조건 카피라이터에게 의뢰하는 것보다 카피를 잘 쓸 수 있는 방법을 익히는 편이 비즈니스 활동을 하는데 유리하다.

Q 카피라이터는 국문학과 출신만 가능한가요?

보통 국문학 전공자들이 맞춤법, 문법에 대한 이해가 깊고 텍스트를 다루는 데 거부감이 적은 편이다. 하지만 광고업계에서 인정받는 카피라이터 중에는 국문학 전공자가 아닌 사람도 수두룩하고 심지어 미술이나 음악을 공부한 사람들도 많다.

Q 카피를 잘 쓰려면 어떻게 해야 하나요?

광고의 목적과 기획방향에 대한 이해와 함께 카피의 기본 원리를 숙지하고 있어야 한다. 물론 처음부터 다 갖출 수 있는 능력은 아니다. 구체적인 방법은 책에서 찬찬히 알려줄 것이다. 또한 회사 내 다른 업무를 담당하는 사람들과 자주 소통하는 게 좋다. 광고기획자들이나 미디어팀, 광고주와의 미팅에 자주 참석하다 보면 카피 방향에 대한 확신과 함께 자신감이 생길 것이다.

카피라이터들의 뒷이야기

일본의 '도쿄 카피라이터즈 클럽'東京コピーライターズクラブ, TCC : Tokyo Copywriters Club에서 해마다 선보이는 카피들은 우리나라 카피라이터에게도 깨달음을 준다. 진지한 고민의 흔적이 보이는 카피도 있고, 한량처럼 인생을 즐기자는 카피도 있다. 어떤 카피든 쓴 사람의 생각과 감정을 고스란히 느낄 수 있다. 그들은 카피란 "쓰는 것이 아니라 던지는 것"이라고 말한다. 억지로 마침표를 찍어야 한다는 부담감보다 지금 이 순간 느껴지는 감정을 글을 통해 전하는 것이 좋은 카피라고 말한다.

> 도쿄 카피라이터즈 클럽 공식 사이트
> https://www.tcc.gr.jp/

어느 카피라이터의 고백

- 지금까지 가장 고민한 네이밍은 아들의 이름이었습니다.

- 큰 목소리로 외치는 것만으로 전해진다면 좋을 텐데….

- 그 카피, 자신의 아버지에게 말할 수 있습니까?

- 그러고 보니, 카피라이터가 되기 전엔 카피 같은 거 읽은 적이 없었다.

- 견적에 '카피료'라는 항목을 쓰면서 자신의 가치를 생각한다.

- 청소하는 아주머니께 골라달라고 한 적이 있다.

- '카피라이터니까 좋은 말을 하겠지' 라는 눈으로 보는 것은 그만둬주길

- 마음과 똑같은 말을 찾을 수 있는 건 언제일까

- 무명의 세계이면서 유명해지고 싶다는 모순

- 카피 없어도 좋은 광고 꽤 있지요

- "이런 걸 쓰고 돈을 받을 수 있으니까 좋은 직업이야"라고 어머니가 말씀하신다.

- '잘 팔렸어'라는 한 마디로 싫어했던 광고주가 좋아졌다.

- 지금까지 할아버지는 카피라이터가 뭔지 모르십니다.

- 한 여름에 정장을 입은 사람을 보며 '카피라이터라서 다행이야' 라고 생각했다.

- '당신의 설명은 이해하기 쉬워요'라고 어떤 여성이 말했다.

- 입으로는 되는 것이 왜 펜으로는 안 되는 걸까?

- 핸드폰 문자도 몇 번씩 고쳐쓰는 직업

카피라이터의
TIP

광고제작과 카피

1. 마케팅 기획 단계

마케팅 기획 단계는 광고를 제작하기 전 캠페인의 큰 방향을 정하는
단계다. 마케터나 기획자의 역량이 중요하다.

☑ **마케팅/광고 목표 설정하기**
   모든 마케팅 활동의 최종 목표를 정한다.

☑ **마케팅 분석/전략 도출하기**
   제품, 시장, 경쟁자, 타깃에 대한 올바른 분석을 통해 차별화 전략
   을 세운다.

☑ **광고 컨셉 도출하기**
   광고 커뮤니케이션을 아우를 컨셉 워드를 도출한다.

2. 크리에이티브 단계

크리에이티브 단계는 앞으로 만들 광고에 대한 아이디어를 내고 제작과 관련된 전략을 세우는 단계다. 광고 회사의 제작팀, 콘텐츠 제작자들이 주축이 되어 진행한다.

☑ **핵심 키워드 도출하기**
컨셉을 기반으로 카피를 쓰기 위한 핵심메시지를 도출한다.

☑ **콘텐츠 아이디어 개발하기**
집행예정인 매체의 포맷에 맞는 콘텐츠 아이디어를 짠다.

☑ **카피 전략 세우기**
각 콘텐츠에 들어갈 카피 전략을 구상한다.

3. 카피라이팅 단계

광고의 전략 방향이 정해진 후 카피라이터가 본격적으로 카피를 쓰는 단계다.

☑ **카피 자료 수집하기**
카피에 참고할만한 문장을 수집한다.

☑ **카피 숙성하기**
본격적으로 카피를 쓴다.

☑ **카피 수정하기**
문장 다듬기를 통해 카피의 완성도를 높인다.

카피와
마케팅

마케팅, 가볍게 알고 가기

"사업의 목적은 고객을 창출하는 것이다."

—피터 드러커

한때 대학가에 마케팅 바람이 분 적이 있다. 학생들 사이에서 '마케팅을 알아야 취업하는 데 유리하다'는 소문이 퍼지며 너도나도 경영학을 복수 전공했다. 직장인들도 MBA에 진학하거나 마케팅 관련 강의를 쫓아다녔다. 마케팅이 마치 모든 문제를 해결할 수 있는 열쇠인 것처럼 여겨졌다. 왜 그렇게 마케팅 열풍이 불었던 걸까?

마케팅이란 생산자가 제품이나 서비스를 소비자에게 유통하는 데 관련된 모든 경영활동을 의미한다. 단순히 학습한 내용을 그대로 실무에 적용한다고 눈에 띄는 결과가 나타날 거라는 보장도 없다. 누구나 전공할 수는 있지만 모두가 탁월한 성과를 낼 수 있는 분야가 아니다. 휴렛팩커드의 최고 경영자인 데이비드 팩커드의 말에서 마케팅이 얼마나 중요한 역할을 하는지 알 수 있다.

"마케팅은 너무나 중요해서 아무에게나 맡길 수 없다."

이렇듯 경영활동에서 광범위하고 전문적인 부분을 차지하는 것이 마케팅이다. 그렇다면 마케팅의 일부라고 할 수 있는 카피는 어떤 역할

을 하는지 알아보자.

마케팅 > 광고 > 카피라이팅

카피는 마케팅의 일부다. 카피라이터는 마케팅 원론을 모조리 알 수도, 알 필요도 없다. 카피라이터에게 가장 필요한 마케팅 지식은 이 카피를 '왜 써야 하는지' 명확하게 이해하는 것이다. 물론, 마케팅에 대한 지식이 풍부하다면 어느 정도 도움이 되는 것은 사실이다. 마케팅 담당자와의 원활한 의사소통도 업무에 큰 영향을 미칠 수 있는 요인이기 때문이다.

카피가 마케팅 영역에 속한다 해서 너무 부담을 갖거나 어렵게 생각할 필요는 없다. 지식으로 무장한 머리보다 경험과 훈련으로 숙달된 손이 더 나은 결과를 가져올 때도 있다. 당신이 카피라이터 혹은 카피를 써야 하는 사람이라면 어떤 카피가 사람들의 마음을 사로잡을 수 있을지 고민하고, 전략적인 사고를 키우는 데 노력을 기울이자.

앞으로 이야기할 마케팅 관련 내용은 카피를 쓰기 위해 필요한 최소한의 지식이라고 생각하면 된다.

마케팅 목표 정하기

마케팅 기획 단계 1_ 마케팅/광고 목표 설정하기

마케팅 목표를 설정하는 일은 모든 마케팅 활동의 출발점이다. 마케팅 목표는 프로젝트 관련자들이 앞으로 나아갈 방향을 제시해주는 등대와 같은 역할을 한다. 광고를 제작하고 카피를 쓰는 일도 마케팅 목표를 달성하기 위함이다.

마케팅 목표 VS 광고 목표

그렇다면 마케팅 목표와 광고 목표의 차이는 무엇일까? 마케팅 목표는 기업이나 개인의 이윤을 극대화하기 위해 벌이는 활동, 즉 캠페인의 장기적인 목표를 명시한 것이다. 반면 광고는 다양한 마케팅 활동의 일부라고 보면 된다. 광고 목표는 단편적인 광고를 통해 얻고자 하는 바를 명시한 것이다. 여기에서 단편 광고란 TV 광고일 수도 있고 SNS 광고일 수도 있다. 광고 목표에는 광고를 집행하는 기간, 광고를 통해 얻고자 하는 기대 효과를 함께 적는다.

마케팅 & 광고 목표 설정 시 유념할 점

① 측정 가능한 목표여야 한다.

② 목표를 평가할 수 있어야 한다.

③ 예산을 고려한다.

목표를 정할 땐 객관적이고 현실적으로 접근해야 한다. 소비자로부터 어떤 반응을 얻고자 하는지 구체적인 기대효과를 정한다. 론칭 상품을 알리기 위함인지. 기존 제품을 더 많이 팔기 위함인지, 새로운 소비자층을 끌어들이기 위함인지, 시장에서 새로운 위치를 점하기 위함인지를 분명히 해야 한다.

광고를 하는 33가지 이유

-새로운 고객을 끌어들이기 위해

-사용 빈도를 증가시키기 위해

-색다른 용도의 수를 늘리기 위해

-또 다른 사용자의 숫자를 늘리기 위해

-양적 구매를 증가시키기 위해

-교환 빈도수를 늘리기 위해

-구매 시즌을 연장하기 위해

-타사 혹은 타 브랜드 사용 고객을 끌어들이기 위해

-브랜드 군을 송두리째 가져오기 위해

-약점을 강점으로 돌리기 위해

-신세대 사용자를 끌어들이기 위해

-이미지, 명성, 시장에서의 리더십을 창조하거나, 강화하거나, 유지하기 위해

-무엇인가 새로운 것을 소개하기 위해

-무엇인가 오래된 것을 다시 한번 소개하기 위해

-판매 촉진 활동을 지원하기 위해

-전체 시장을 키우기 위해

-영업사원들에게 문을 열어주기 위해

-새로운 회사명을 소개하기 위해

-회사를 다시 포지셔닝하기 위해

-경쟁을 극복하기 위해

-전문적인 인정 혹은 추천을 얻기 위해

-전문적인 인정 혹은 추천을 계속 유지하기 위해

-직원들의 사기를 높이기 위해

-영업 사원들의 생산성을 높이기 위해

-판매의 실마리를 찾기 위해

-조사를 수행하기 위해

-새로운 시장으로 진출하기 위해

-브로슈어와 보고서를 제공하기 위해

-주장을 지원하기 위해

-주장에 대항하기 위해

-좋지 못한 풍문과 싸우기 위해

-무엇인가 빠르다는 사실을 알리기 위해

출처: 《카피라이터가 되씹는 카피》

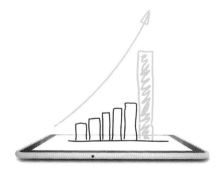

마케팅 전략과 분석은 어떻게 하는가

"제품은 공장에서 만들지만 브랜드는 소비자의 마음속에서 만들어진다."

―잭 트라우스

마케팅 기획 단계 2_ 마케팅 분석/전략 도출하기

마케팅 분석

효과적인 전략을 세우기 위해서는 먼저 제대로 된 분석이 선행되어야 한다. 마케팅 분석은 크게 제품분석, 시장경쟁자분석, 소비자 분석으로 나뉜다.

① 제품분석

팔고자 하는 제품이나 브랜드를 자세히 관찰하는 것부터 시작한다. 소개팅이나 회사 면접을 앞두었다고 가정해 보자. 가장 먼저 하는 일이 거울을 보는 일일 것이다. 나의 장점은 무엇이고 단점은 어떻게 보완할 것인지 고민한 다음 집을 나선다. 이처럼 제품의 장단점, 위험요소와 가능성에 대한 다각적인 분석이 필요하다. 카피라이터는 광고주가 제공해주는 제품 관련 자료를 꼼꼼하게 공부해야 한다. 가능하면 직접 체험해보고 본인의 느낌이나 생각을 미리 메모해 두는 편이 좋다.

② 시장분석

제품이 속한 시장의 경향과 위험요소, 기회요소를 분석한다. 자체적으로 분석 자료를 만드는 방법도 있지만 상황이 여의치 않다면 통계청 자료나 관련 기사, 전문 매거진을 참고하는 것도 좋다. 예전에는 같은 카테고리에 속한 제품들만 경쟁자로 간주했지만 최근에는 다른 카테고리의 제품들도 참고하여 분석해야 한다. '나이키의 경쟁사는 닌텐도'라는 말처럼 이전보다 입체적인 분석력이 요구되는 것이다. 마케터나 기획자들은 전통적인 마케팅 공식을 답습하기보다 열린 자세로 시장을 바라봐야 한다.

> 드비어스라는 회사는 다이아몬드 시장의 80% 정도를 차지하고 있습니다. 그 회사의 경쟁사는 다른 다이아몬드 회사가 아니라 롤렉스 같은 다른 명품이나 여행, 또는 케이크 같은 겁니다.
>
> ...
>
> 그러니까 "다이아몬드는 영원하다"라거나 "내 인생의 빛이 되어준 당신이기에"와 같이 다이아몬드의 일반론이 카피로 쓰이는 겁니다.
>
> 《인문학으로 광고하다》 중에서

③ 소비자 분석

소비자 분석은 소비자의 나이나 성별처럼 눈에 보이는 요소부터 습관이나 말투 문화처럼 눈에 보이지 않는 부분까지 정의하는 과정이다. 소비자를 분명하게 정의하지 않으면 제대로 의사소통을 할 수 없을 뿐 아니라 광고가 잘 만들어졌는지도 평가할 수 없다. 이를 위해 제품을 필요로 하는 소비자가 누구일지 구체적으로 세분화해야 한다. 그다음 그들의 생활습관이나 필요를 반영해야 한다.

소비자 분석에서 가장 중요한 건 객관성이다. 스마트폰이 나오기 전에는 기획자가 소비자의 일상을 가설로 설정했는데 사실 이건 소설에 가깝다. 기획자의 선입견이 작용하기 때문이다. 최근에는 데이터를 기반으로 정확한 소비자 타깃팅이 가능해졌다. 마케터가 소비자에 대해 정확히 알 수 있는 길이 열린 것이다.

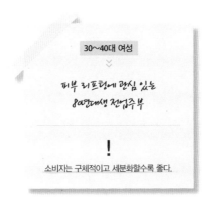

30~40대 여성

피부 리프팅에 관심 있는
80년대생 전업주부

!

소비자는 구체적이고 세분화할수록 좋다.

마케팅 전략 도출

'마케팅 전략'이란 말은 마이클 포터 Michael E. Porter 교수의 《본원적 경쟁 전략》을 통해 널리 쓰이게 되었다. 그는 기업이 성공하기 위해서는 3가지 전략이 필요하다고 말했다. ① 자신들의 경쟁률에 집중할 것, ② 다른 기업과 차별화되는 요소를 가질 것, ③ 자신만의 독특한 포지션을 선점할 것. 요약하자면 집중화 전략, 차별화 전략 그리고 포지셔닝 전략이다.

① 집중화 전략

가능성 있는 역량에 제한된 자원을 집중적으로 투자해서 최대의 성과를 도출하는 전략이다. 집중화 전략에서 가장 중요한 건 올바른 자기 인식이다. 자기의 장단점을 정확하게 파악하고, 무엇을 버릴지 과감하게 결정해야 한다. 마케팅 활동을 할 때 시간과 돈이 항상 충분한 건 아니기 때문이다. 집중화 전략은 작은 시장을 공략할 때 매우 유리하다. 좁은 영역에서 자리를 잡은 후 더 큰 시장으로 진출해 시장 지배력을 키워나가는 것이다.

엔터테인먼트 분야에서는 '혁오밴드'를 좋은 예로 들 수 있다. 방송 데뷔 전 홍대를 주 무대로 활동하던 혁오밴드는 독특한 가사와 사이키델릭 psychedelic 한 멜로디로 이미 많은 사랑을 받던 밴드였다. "홍대 인디 음악의 선두주자", "나만 알고 싶은 밴드"라는 수식어가 생길만큼 '남다른 음악을 소비할 줄 아는 이들'의 심리적 만족을 충족시켜

준 것이다. 이들이 모두가 좋아할 음악을 하고자 했다면 지금의 자리
에 오르지 못했을 것이다. 홍대에서 어느 정도 자리를 잡자 〈무한도
전〉에 출연하며 메이저 밴드로 발돋움했다. 집중화 전략을 통해 인
디밴드에서 대중음악 스타로 탈바꿈한 케이스다.

② 차별화 전략
둘 이상의 제품이나 서비스가 경쟁하는 상황일 때 제품, 브랜드, 고객
서비스, 가격, 주문생산 방식 등에 차별화를 두는 전략이다. 단순히 다
르기만 해서는 안 되고 차별화 요인이 소비자가 원하는 것이어야 한다.

▶ 제품의 차별화
새로운 제품으로 시장을 선도한 사례는 쉽게 찾아볼 수 있다. 비데를
예로 들어보자. 1970년대 후반, 일본에서 처음으로 온수 비데를 개
발한 회사는 토토TOTO다. 그전까지 일본의 화장실 문화에는 비데는커
녕 볼일 후 온수로 씻는 방법 자체가 없었다. 1982년 토토는 "엉덩이
도 씻어주길 원한다."는 카피로 광고를 내보냈다. 외출하고 돌아오면
손을 씻듯 볼일을 본 후 엉덩이도 씻어주기를 원한다는 메시지였다.
이 광고가 소비자에게 불러일으킨 반향은 엄청났다. 그 후 광고에서
"엉덩이도 깨끗하게"라는 메시지와 함께 '상쾌함'을 강조했다. 그 결
과 '비데=토토'라는 인식이 소비자에게 깊게 각인되었고, 60%가 넘
는 시장점유율을 달성했다.

▶ 관점의 차별화

같은 사물을 남다른 시각으로 보는 것도 차별화의 열쇠가 된다. 대표적인 사례로 신발 브랜드인 탐스Toms가 있다. 소비자가 탐스 신발을 한 켤레 구매할 때마다 자동으로 제3국의 어린이에게도 신발 한 켤레가 기부된다. 소비하는 행위를 가치 있는 행위로 바꾼 것이다. 소비자는 탐스 신발을 구매할 때마다 도덕적인 만족감을 얻게 된다. 소비자의 인식 속에 탐스 신발을 신은 사람=멋진 사람이라는 공식이 자리 잡게 된다. 그러자 트렌드를 리드하는 사람들이 너도나도 탐스 신발을 신기 시작했다. 이렇게 기존의 관점을 바꾸는 행위가 매출에도 지대한 영향을 준다는 걸 알 수 있다.

▶ 약속의 차별화

메시지에 차별화를 주는 방법도 있다. '14일의 약속'으로 유명한 P&G의 팬틴이 대표적인 예다. '14일의 약속' 캠페인은 말 그대로 2주간 팬틴 제품을 사용해보고 소비자가 만족하지 못하면 환불해 주는 이벤트로 당시에는 획기적인 발상이었다. 6개월간 천만 명에게 제품을 알렸고, 매출액은 50억에서 500억으로 상승했다. 14일의 약속 캠페인은 브랜드의 자신감이 묻어난다. 그만큼 소비자들도 이 광고에 매료됐다. 이후 '14일의 약속' 캠페인은 다른 카테고리 브랜드에서 모방할 정도로 유명한 캠페인이 되었다.

③ 포지셔닝 전략

잭 트라우트Jack Trout의 《포지셔닝》은 마케팅에 관심 있는 사람이라면 한 번쯤 읽어보았을 것이다. 포지셔닝이란 소비자들의 머릿속에 특정 제품을 경쟁사의 제품보다 유리하게 각인시키는 전략을 말한다. 포지셔닝 전략을 통해 승리를 거머쥔 사례는 흔히 볼 수 있다.

1984년, 미국은 대통령 선거가 한창이었다. 로널드 레이건Ronald Reagan은 73세라는 고령으로 미국 대통령 재선에 도전했다. 상대는 56세의 젊은 후보 월터 먼데일Walter Frederick Mondale이었다. 레이건의 나이는 먼데일의 공격을 받기에 충분했고 유권자들도 우려하던 요인이었다. 2차 TV토론에서 레이건은 먼데일에게 이렇게 응수했다.

"나는 먼데일 후보의 나이를 문제 삼지 않기로 결심했다. 먼데일 후보가 너무 젊고 경험이 전혀 없다는 사실을 정치적인 목적에 이용하지 않겠다는 것이다"

혹자는 레이건이 유능한 홍보담당관을 둔 덕이라고 했지만 레이건 자신이 포지셔닝에 대한 이해가 없었더라면 이렇게 현명한 대응을 하지 못했을 것이다.

우리나라에도 포지셔닝 전략으로 승패가 갈린 두 기업이 있다. 맥주회사 오비와 하이트다. 90년대 초반 맥주 시장은 오비가 1위, 하이트가 2위였다. 당시 오비맥주의 자리를 호시탐탐 노리던 하이트는 '사람들이 마시는 물에 대한 걱정이 크다'는 점에 주목했다. 뉴스를 틀면 오염된 수도 이야기가 흘러나와 물 자체에 대한 사회적 공포감이 클 때였다. 하이트는 맥주를 말하지 않고 물에 대해 말하기 시작했다. '지하 150m 천연암반수로 만든 깨끗한 맥주'라는 메시지로 대대적인 캠페인을 벌였다. 시간이 지나면서 '하이트는 깨끗한 물로 만든 맥주'라는 인식이 자리 잡았다. 당연히 매출도 올랐다. 포지셔닝 전쟁에서 하이트가 오비를 이긴 것이다. 아직도 '하이트=깨끗한 물로 만든 맥주'라는 인식이 강한 걸 보면 포지셔닝 전략의 힘이 얼마나 대단한지 알 수 있다.

매력적인 컨셉을 가진 기업들

"이제 광고 하나로 사람들을 움직이는 시대는 지났다"

−위든 앤 케네디(Weiden & Kennedy)

마케팅 기획 단계 3_ 광고 컨셉 도출하기

우리가 원하든 원하지 않든 세상은 끊임없이 서로를 비교한다. 상대방과의 비교에서 패배하면 좌절하거나 행복하지 않다고 생각한다. 행복해지려면 그 분야에서 1등이 되거나 자기만의 독특한 개성을 가져야 한다. 안타깝게도 1등이 되는 건 쉬운 전략이라고 할 수 없다. 어디나 1등은 한 명 뿐이니까. 그렇다면 후자처럼 남들과 다른 개성이나 특성으로 비교우위를 차지해야 한다. 그러기 위해선 자기만의 컨셉이 있어야 한다.

'어떻게 해야 좋은 컨셉을 만들 수 있을까?'라는 주제로 책 한 권은 거뜬히 쓸 수 있을 것이다. 매력적인 사람을 한 단어로 규정할 수 없듯 매력적인 컨셉도 하나의 단어나 문장으로 정의할 수 없다. 이럴 때는 컨셉이 탄탄한 기업이나 브랜드를 참고하는 것도 좋은 방법이 될 수 있다.

① 무인양품의 컨셉

This is enough.
이것으로도 충분하다.

무인양품의 컨셉은 독보적이다. "이것으로도 충분하다"는 '자족이 주는 만족감, 기쁨'을 표현한 말이다. 과하지도 모자라지도 않은 절제된 미학이 느껴진다. 2010년 이후 세계적으로 미니멀리즘minimalism이 유행하면서 본격적으로 미니멀라이프를 유행시킨 장본인이 바로 무인양품이다.

이들의 컨셉은 의사결정 과정에도 영향을 미친다. 무인양품은 빠른 의사결정으로 유명하다. 무엇이든 평균 5~6초 안에 결정한다고 한다. 흥미로운 건 의사결정 방식의 아이디어를 일본의 유명 셰프로부터 얻었다는 것이다. 요리사들이 일하는 모습을 보고 올바른 타이밍에 결정하는 것이 얼마나 중요한지 배웠다고 한다. 빠른 의사결정은 브랜드의 성장을 앞당겼다. 2014년 총매출이 1,775억 엔약 2조 5,600억 원으로 현재 일본 전역과 미국 뉴욕, 영국 런던, 홍콩 등 세계 20여 개국에 535개 매장과 5,300여 명의 직원을 두고 있다.

② 베네통의 컨셉

United Colors of Benetton.

유나이티드 컬러스 오브 베네통.

베네통의 창업자 루치아노 베네통Luciano Benetton은 "바른 것을 바르게 행하는 것"을 기업윤리로 삼았다. 특히 '타인을 존중하는 것'을 가장 중요하게 생각했다. 인간관계에서의 '상생'뿐 아니라 동물과 사람, 자연과 사람 사이에도 서로 존중하는 마음이 있어야 한다고 믿었다. 서로의 다름을 존중하기 위해선 '다양성'에 대한 이해가 있어야 한다고 생각했고, 이러한 믿음을 "유나이티드 컬러스"라는 메시지에 담았다. 베네통은 1995년 사업 영역을 확장했는데 핵심 사업인 섬유와 스포츠 용품 분야의 매출이 전체 중 40%에 달하고 있다. 또한 기업이 성장함에 따라 보다 매력적인 기업 이미지를 만들기 위해 베네통만의 전문가 양성기관인 '파브리카 Fabrica'를 설립하기도 했다. 베네통의 "유나이티드 컬러스"는 베네통 그 자체가 되었다. 베네통의 컨셉이 바뀐다면 베네통도 사람들의 기억 속에 사라질 것이다.

컨셉은 함부로 바꿀 수 없다. 컨셉은 기업의 미션이자 비전이다. 기업 활동을 통해 세상을 어떻게 바꾸겠다는 생각을 표현한 것이다. 즉 기업이 존재하는 이유다. 담당자가 바뀌거나 유행이 바뀌었다고 컨셉을 매번 바꾼다면 오랫동안 사랑받는 기업이 될 수 없다.

코카콜라	>>	해피니스
포르쉐	>>	고장 나지 않는 명품스포츠카
BMW	>>	우리 시대 최고의 승용차
더바디샵	>>	순수 자연주의 화장품
러쉬	>>	천연재료 화장품
스타벅스	>>	집이나 회사가 아닌 제3의 장소
테라로사	>>	굿 컴퍼니

코카콜라나 맥도날드, 하인즈, P&G처럼 역사가 오래된 기업 중에 컨셉 마인드가 탄탄한 기업이 많다. 이들이 오랫동안 사랑받은 이유는 컨셉이 매력적이라는 이유도 있지만 무엇보다 컨셉을 잘 관리하기 때문이다. 나쁜 컨셉보다 더 나쁜 건 관리되지 않는 컨셉이다.

머릿속에 한 단어만 남겨라

영화 〈주유소 습격사건〉은 개성 있는 캐릭터들이 등장하며 꽤 많은 유행어를 남겼다. 가장 기억에 남는 대사는 무대포유오성 분가 외치던 "난 한 놈만 패!"다. 상대 무리에게 둘러싸여 맞는 중에도 한 사람만 잡아서 집중 공격하는 무대포를 다른 이들도 어쩔 못한다. 이 장면에서 사람들은 무대포라는 캐릭터에 대해 강한 인상을 받게 된다.

한 오디션 방송에서 가수 박진영이 했던 말도 이와 같은 의미다. "잘생겼든 노래를 잘하든 어쨌든 사람들 머릿속에 하나의 단어만 남아야 한다." 이 말에 다른 출연자들도 무릎을 치며 공감했다. 우리는 TV에 자주 등장하는 유명인사들을 보며 그와 관련된 단어나 이미지를 무의식적으로 떠올리게 된다. '이승엽=홈런왕, 둘리=아기 공룡' 등을 예로 들 수 있는데, 이런 현상은 그들이 오랜 시간 동안 일관성 있게 자신이 어떤 사람인지 알렸기 때문에 가능한 결과다.

피카소	》 입체파		**데니스홍**	》 로봇박사
김연아	》 피겨여왕		**유홍준**	》 나의 문화유산답사기
유재석	》 국민 MC		**싸이**	》 강남스타일
강호동	》 천하장사		**오프라윈프리**	》 토크의 여왕
아인슈타인	》 상대성이론			

카피도 마찬가지다. 욕심 부리며 좋은 단어를 다 넣다 보면 정작 무슨 말을 하고 싶은 건지 알 수 없게 된다. 전하고 싶은 메시지를 하나의 단어로 줄여야 한다. 사람들이 당신 혹은 당신이 만든 제품을 어떤 단어로 기억하길 원하는가? 팔고 싶은 제품을 기억하게 하려고 애쓰지 말고 제품과 연상되는 한 단어만 기억하게 만들자.

크리에이티브 브리프

앞서 광고목표부터 전략과 분석, 컨셉에 대한 언급이 필요했던 이유
는 바로 크리에이티브 브리프Creative Brief, 이하 브리프 때문이다.

브리프는 시장분석과 소비자 분석, 전략, 컨셉을 한 장으로 요약한
광고 제작 가이드다. 보통 광고 대행사의 기획 담당자가 광고주에게
광고전략 기획을 브리핑하기 위해 작성한다. 광고주와 협의 후 다시
제작팀과 협의하여 최종 브리프를 만든다. 이렇게 만든 브리프는 실
제 제작에 들어갔을 때 이정표 역할을 한다. 브리프는 어디까지나 옳
은 방향을 잡기 위한 가이드일 뿐 상황에 따라 언제든지 수정이 가
능하다.

앞서 설명했던 기획 단계를 참고로 실제 크리에이티브 브리프를 작
성해보자. 아래 브리프 양식은 세계적인 광고 회사 사치앤사치Saachi &
Saachi에서 개발한 브리프The Brief 양식이다.

CREATIVE BRIEF

(Saatchi & Saatchi Creative Brief)

CLIENT(광고주)	BRAND(브랜드)	SWO NO.(작업번호)
		DATE(작업 일자)

① CAMPAIGN REQUIREMENT(캠페인 요청사항)
 Campaign, on off ad., no. of ads.

② THE TARGET AUDIENCE(목표 수용자)
 Demo graphics, lifestyle, product usage/attitudes

③ WHAT IS THIS ADVERTISING INTENDED TO ACHIEVE?(광고목표)

④ THE SINGLE MINDED PROPOSITION(단일집약적 제안)

⑤ SUBSTANTIATION FOR THE PROPOSITION(제안의 근거)

⑥ MANDATORY INCLUSIONS(필수 삽입요소)
 Stockist, logos, phone numbers etc.

⑦ DESIRED BRAND IMAGE(원하는 브랜드 이미지)
 Friend, sophisticated, contemporary etc.

⑧ TIMING OF CREATIVE WORK(일정) To Account Group(기획팀) To Client(광고주)	⑨ GROUP ACCOUNT DIRECTOR SIGNATURE(기획팀장 서명)

① CAMPAIGN REQUIREMENT(캠페인 요청사항)

장기적인 캠페인 활동인지 단기적인 광고 제작인지, 단발성 광고라면 TV 광고인지 소셜 광고인지 적는다. 이번 커뮤니케이션 활동의 성격을 규정하는 내용을 적는다.

② THE TARGET AUDIENCE(목표수용자)

광고의 주요 소비자가 될 사람들의 라이프 스타일, 습관, 가치관 등을 적는다.

③ WHAT IS THIS ADVERTISING INTENDED TO ACHIEVE?(광고목표)

광고로 인한 기대효과를 서술하되 최대한 명확하고 객관적으로 적는다.

④ THE SINGLE MINDED PROPOSITION(단일집약적 제안)

소비자에게 어필할 수 있는 강력한 제안 컨셉 워딩을 말한다. 사치앤사치Saatchi & Saatchi에서는 이를 SMP SINGLE MINDED PROPOSITION, 단일 제안라 부른다.

⑤ SUBSTANTIATION FOR THE PROPOSITION(제안의 근거)

위의 컨셉이 왜 소비자에게 매력적인지 그 이유를 설명한다.

⑥ MANDATORY INCLUSIONS(필수 삽입요소)

전화번호나 로고 가이드 등의 광고주 요청사항을 말한다.

⑦ DESIRED BRAND IMAGE(원하는 브랜드 이미지)

원하는 광고의 분위기를 말한다. 현장에서는 '톤앤매너Tone & Manner'라고도 부른다. 사람들이 이 브랜드를 상상했을 때 떠올릴 수 있는 이미지를 형용사로 나열한다.

> **!**
>
> 요약하기는 핵심만 남기고 불필요한 요소를 제거하는 단계다. 말이든 글이
> 든 핵심만 전달하는 능력은 매우 중요하다. 관심 있는 분야의 잡지, 칼럼이
> 나 신문 사설을 활용해 한 장에서 한 문단 그리고 한 문장으로 요약해보자.

핵심만 남기는 요약 훈련

요약하기는 모든 글쓰기 교육에서 중요하게 다뤄진다. 요약이야 말로 글쓰기의 기본이기 때문이다. 요약을 잘하기 위해서는 원안의 내용을 정확히 파악해야 하고 그 내용을 그대로 서술할 수 있어야 한다. 하지만 요약을 단순히 글을 줄이는 작업으로 생각하면 안 된다. 요약의 묘미는 자신의 해석을 더해 새로운 의미를 부여하는 데에 있다. 따라서 요약하기는 나만의 문장을 창조하기 위한 전초 단계로 볼 수 있다.

메시지는 간결할수록 빛을 발한다

"네가 하고 싶은 말이 한 마디로 뭔데?"

자기가 쓴 글을 남에게 보여주었을 때, 한 번쯤은 들어봤을 말이다. 분명 하고 싶은 말을 담았는데 상대방은 도무지 이해할 수 없다는 반응이니 황당할 것이다. 글을 읽는 사람이 글쓴이의 의도를 바로 파악하지 못하는 이유는 메시지가 모호하거나 불필요한 글 속에 가려져 있기 때문이다.

취업을 준비하는 후배들이 자기소개서를 봐달라고 간혹 부탁할 때가 있다. 잘 쓴 문장도 있지만 대부분 하고 싶은 말이 무엇인지 명확하게 드러나지 않는 경우가 많다. 이럴 때 '무슨 말인지 모르겠다'는 조언을 해주면 반 이상은 입술을 삐죽 내밀며 고개를 숙인다. 이들이 가장 먼저 해야 할 일이 무엇일까? 하고 싶은 말을 요약하고 정리해보는 것이다. 아직 글을 요약하는 훈련이 부족하기 때문이다.

자기의 생각을 함축해 한두 줄로 정리하는 것은 중요한 글쓰기 능력이다. 특히 비즈니스 라이팅, 카피야말로 요약의 결정체다. 카피를 쓰는 사람, 글을 잘 쓰고 싶은 사람이라면 기본적으로 요약을 잘해야 한다. 제한된 지면 안에 사람들의 마음을 사로잡을 수 있는 핵심 문구만 담아야 하기 때문이다. 불필요한 수사나 중복되는 표현은 과감히 지워야 한다. 그래야 하고 싶은 말이 선명하게 드러난다. 웬만큼 요약 훈련이

된 카피라이터들은 글을 쓰기도 전에 머릿속에서 요약 단계를 끝마친다. 전달하려는 내용이 무엇인지 명확히 정리 한 후 글을 쓰는 것이다. 스스로 생각했을 때 아직까지 그 단계까지 미치지 못했다면 아래 훈련들이 도움이 될 것이다.

책이나 영화를 활용한 요약하기 훈련

책을 읽고 난 후 독후감을 자주 쓰는 편인가? 아니라면 지금부터라도 독서 노트를 만들어 책 한 권의 내용을 줄이는 연습을 해보자. 소설가 박상우는 소설을 읽고 난 다음 독서 노트에 간략한 내용과 특징, 좋은 문장을 채록해왔다고 밝혔다. 글쓰기나 작가로서의 소양을 쌓는 데 큰 도움이 된다는 것이다. 긴 문장을 간략히 요약하는 훈련을 꾸준히 습관처럼 해보자.

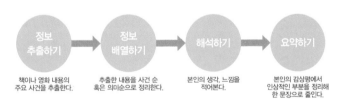

요약하기의 단계

책을 읽거나 영화를 보고 전체 내용에서 중요한 사건을 뽑아 시간순으로 정리한다. 주요 사건들을 나열하다 보면 전체 스토리의 줄거리가 완성된다. 책이나 영화를 감상할 시간이 부족하다면 간단한 사설이나 칼럼도 좋다. 그다음엔 A4용지 반 장 정도로 자신의 의견이나 감상평을 적어보자.

하나의 단락에 한 가지 이야기를 담되, 문장 사이의 연관성은 뚜렷해야 한다. 그다음 단계는 자신이 해석한 내용을 한 줄로 줄인다. 자신이 읽거나 본 콘텐츠를 한 마디로 정의해본다. 이 과정을 통해 자연스럽게 메시지를 압축하는 연습을 할 수 있다.

타이틀링: 제목 짓기 훈련

광고 회사에 신입 카피라이터들이 들어오면 특별한 훈련과정을 거치는데 글을 읽고 한 줄의 제목으로 요약하는 훈련이다. 이 훈련을 '타이틀링'이라고 한다. 카피라이터 선배가 신문 사설이나 잡지 칼럼의 제목을 지우면 이 내용을 한 줄로 요약해 새로 제목을 달아야 한다. 같은 글을 가지고 여러 제목을 만들어 컨펌을 받아야 한다. 합격점을 받으면 칼럼의 원제목을 볼 수 있다. 자신이 쓴 제목들과 원제목을 비교해보며 새로운 접근법을 익히기 된다.

타이틀링 훈련 단계

① 신문 사설이나 잡지 기사를 오린다.
② 선배 카피라이터는 포스트잇 등으로 제목을 가린다.
③ 후배 카피라이터는 본문을 정독하고, 자신이 생각한 제목을 붙인다.
④ 원제목과 본인이 지은 제목을 비교해본다.

영화계 카피라이터는 마케터 역할도 겸한다. 한 줄의 카피가 흥행에 큰 영향을 미치기 때문이다. 다음은 영화계에서 유명한 윤수정 카피라이터가 그녀의 책《한 줄로 사랑했다》에서 밝힌 카피 일화를 일부 소개할까 한다.

그녀는 전도연, 이병헌 주연의 영화 〈내 마음의 풍금〉 포스터에 들어갈 두 줄짜리 카피를 한 줄로 줄여야 했다. 〈내 마음의 풍금〉은 산골 마을 학교에 부임한 청년 교사 수하이병헌 분를 짝사랑하는 열일곱 늦깎이 초등학생 홍연전도연 분의 이야기를 담은 잔잔한 영화다. 윤수정 카피라이터는 주인공인 홍연이 사랑이란 감정을 처음 느꼈다는 점에 주목했다. 포스터에 들어갈 4종의 카피는 첫사랑을 핵심 키워드로 잡았다.

— 나, 사랑에 빠졌어요.
열일곱 늦깎이 초등학생, 그녀의 첫사랑

— 어디쯤 오고 있을까.
기다림만으로 행복한 이 느낌, 첫사랑

— 드디어 오늘, 그가 내 마음을 두드렸다.
열일곱의 봄, 첫사랑의 풍금소리

— 사랑하니까 참 좋다!
열일곱, 첫사랑의 봄볕이 내렸을 때

TV 광고에 사용할 짧은 카피를 고민했던 윤수정 카피라이터는 프리드리히 막스 뮐러Friedrich Max Müller의《독일인의 사랑》에서 실마리를 얻는다. "아이들이 세상에 남이라는 존재가 있다는 것을 알게 된 순간 아이의 세계는 끝나고 만다"라는 문장이었다. 주인공 홍연이 사랑에 빠지자 초등학생이었던 아이의 세계는 끝났다고 해석한 것이다. 그녀는 홍연이 사랑이라는 감정을 처음 느낀 찰나의 순간을 카피에 담았다.

"그가 웃었다. 세상이 환해진다."

'한 줄로 줄이기'는 쓰는 사람의 해석을 담았을 때 비로소 빛을 발한다. "첫사랑의 풍금 소리", "행복한 이 느낌, 첫사랑"처럼 기존의 카피를 줄이는 데 그쳤더라면 읽는 사람들은 남의 이야기처럼 느꼈을 것이다. 하지만 "그가 웃었다. 세상이 환해진다"는 사랑에 빠져본 사람이라면 누구나 공감할 수 있는 문장이었다.

비즈니스를 하는 사람에게 요약하는 능력은 필수다. 기사나 산문, 에세이, 소설…. 뭐든 좋다. 전달하고자 하는 메시지를 요약하는 연습을 해보자. 거기에 당신의 해석을 더한다면 더할 나위 없다.

3
chapter

카피의
발상

핵심 키워드는 브랜드, 소비자, 베네핏

누군가를 설득하려면 에토스(인간적인 신뢰)와 파토스(감성적 호소력), 로고스(논리적 적합성)가 필요하다.

―아리스토텔레스

크리에이티브 단계 1_ 핵심 키워드 도출하기

기획 단계에서 컨셉이 정해지면 본격적으로 광고 제작팀이 전체적인 업무를 진행하게 된다. 제작팀은 정해진 컨셉을 바탕으로 카피 쓰기의 기초가 되는 '핵심 키워드'를 추출한다. 핵심 키워드는 컨셉을 카피로 바꾸는 중간과정이다. 핵심 키워드가 나오면 카피의 표현 방향을 알 수 있다. 소비자가 쉽게 이해할 수 있도록 만드는 과정이라고 할 수 있다. 여기서부터 카피라이터의 역량이 발휘된다.

핵심 키워드의 3요소

핵심 키워드는 세 가지 기준으로 쓸 수 있다. 이를 '브랜드 가치 창출을 위한 요소'로 부르기도 한다.

① 브랜드(제품)

② 소비자

③ 베네핏

핵심키워드 3요소	브랜드 × **Brand**	회사 이름을 알리고 싶을 때 새로운 기능이 추가되었을 때 새로운 카테고리의 제품을 만들었을 때
	소비자 × **Target**	새로운 소비자를 끌어들이고 싶을 때 대세감을 느끼게 하고 싶을 때 소비자가 타인의 시선에 예민할 때
	베네핏 × **Benefit**	소비자의 마음을 위로, 격려하고 싶을 때 소비자의 문제를 해결해주고 싶을 때

레간자

컨셉: 소리 없는 파워
핵심 키워드: 쉿!
카피: 쉿! 소리 없이 강하다.

빈폴

컨셉: 유러피안 감성캐주얼
핵심 키워드: 그녀의 자전거
카피: 그녀의 자전거가 내 가슴속에 들어왔다.

네스트 호텔

컨셉: 도시근처에서 만나는 진정한 휴식공간
핵심 키워드: Hideout (은신처)
카피: 당신만의 은신처

아이를 키우는 엄마를 대상으로 베이비 로션을 론칭한다고 가정해
보자. 컨셉은 '자연주의 로션'이다. 우선 제품에서 떠오르는 특징을
먼저 뽑아본다

- 뉴질랜드산이다
- 천연 재료를 사용했다.
- 파라벤, 향료 등 화학 원료는 사용하지 않았다.
- 믿을만한 기업(카테고리 내 1위 기업)의 제품이다.
- 엄마들이 많이 사용하는 제품이다.
- SNS에서 국민 로션으로 이미 유명하다.
- 로션 향이 순하다.
- 아토피 등 피부발진으로부터 안전하다.
- 제품 디자인이 흰색이라 순수한 느낌이 든다.
- 안심할 수 있다.
- 좋은 엄마가 된 느낌이다.
- 아이가 좋아한다.

그다음 위의 글을 핵심 키워드의 세 가지 요소를 기준으로 그룹핑해
본다.

① 브랜드(제품) 관점의 키워드는 무엇일까?
'믿을만한 기업, 로션 카테고리 내 1위 기업, 뉴질랜드산'과 관련된

글일 것이다. 첫 번째 그룹의 경우, 브랜드에 대한 '믿음'을 줄 수 있어야 한다. 브랜드의 신뢰를 높일 수 있는 요소가 들어가면 좋다. 뉴질랜드는 세계적인 청정국가로 알려져 있다. '천연 재료로 만들었다, 흰색 계열로 디자인해 깨끗한 느낌'을 준다는 기능 중심의 핵심 키워드도 추출해볼 수 있다.

② 소비자 중심의 키워드는 무엇일까?

소비자 중심의 글은 '엄마들이 많이 사용하는 제품이다, 국민 로션으로 이미 유명하다'를 꼽을 수 있다. 다른 엄마들도 이미 제품을 이용하고 있다는 점이 일종의 '안도감'을 주기도 하고, 다른 사람보다 뒤처지기 싫다는 '불안' 심리를 자극하기도 한다. 또한 이미 제품을 쓰고 있는 사람들에 대한 '모방심'에 구매하기도 한다. 무엇보다 사람은 다른 사람이 욕망하는 것을 욕망하는 특징이 있다.

③ 베네핏 그룹에는 어떤 키워드가 있을까?

베네핏 그룹은 제품을 통해 느끼는 소비자의 감정을 모아놓은 글이다. '아토피 등 피부 발진으로부터 안전하다, (그래서) 안심할 수 있다, 좋은 엄마가 된 느낌이다'를 꼽을 수 있다. 엄마라는 역할은 누구나 처음 경험하기 때문에 서투른 게 당연하다. 하지만 여기에 모성애가 더해지면 엄마들은 '서툶'을 자신의 '잘못'인 것으로 여겨 나쁜 엄마가 된 것 같은 죄책감에 휩싸인다. 엄마들이 가장 두려워 하는 감정이기도 하다. 소비자가 제품을 구매하거나 사용할 때 느끼는 심리적 보상은 매우 중요하다. 소비자가 느끼는 심리적인 만족감이 극대화될수록 사람들은 제품에 관심을 더 보이기 때문이다.

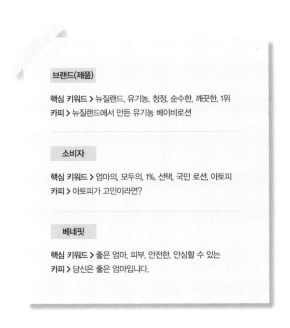

브랜드(제품)

핵심 키워드 › 뉴질랜드, 유기농, 청정, 순수한, 깨끗한, 1위
카피 › 뉴질랜드에서 만든 유기농 베이비로션

소비자

핵심 키워드 › 엄마의, 모두의, 1%, 선택, 국민 로션, 아토피
카피 › 아토피가 고민이라면?

베네핏

핵심 키워드 › 좋은 엄마, 피부, 안전한, 안심할 수 있는
카피 › 당신은 좋은 엄마입니다.

추출한 핵심 키워드가 마케팅, 광고 목표에 잘 부합하는지 점검한다. 제작팀에서 어느 정도 핵심 키워드가 정해지면 다시 한번 기획팀과 미팅을 갖고 의견을 나눈다. 핵심 키워드가 결정되면 본격적으로 각각의 콘텐츠에 대한 아이데이션일종의 아이디어 회의과 함께 카피 쓰기 단계에 들어간다.

TV 광고부터 SNS 광고까지

"감각이 없는 개념은 공허하고 개념 없는 감각은 맹목적이다"

—칸트

시대가 변하면 미디어도 변한다. 그리고 그 안에 들어갈 광고의 내용도 변한다. 무엇보다 큰 변화는 광고를 받아들이는 사람들의 태도다. 예전에는 정해진 미디어의 영향을 받는 수동적인 자세였다면 지금은 목적에 따라 매체를 직접 선택할 수 있게 되었다. 상품의 정보를 얻고 싶을 때, 힐링이 필요할 때, 트렌드를 알고 싶을 때 접하는 매체가 다르다. 그만큼 소비자의 취향도, 원하는 바도 다양해졌다. 마케팅 담당자는 신문, 잡지, TV 광고는 물론 각종 SNS와 블로그, 유튜브 등의 매체 중 브랜드를 알릴 수 있는 가장 바람직한 형태가 무엇인지 고민해야 한다. 카피를 쓰는 사람도 미디어의 특성을 고려해 그에 맞는 문장을 써야 한다. 미디어에 따라 카피의 모양새도 달라지기 때문이다. 이렇게 다양한 미디어에 광고를 할 때는 어떤 전략을 갖고 카피를 써야 할까?

우선 미디어에 대한 이야기를 잠깐 해보자. TV, 신문, 라디오, 잡지와 같은 4대 매체를 ATL Above the Line이라 한다. 온라인, 소셜 미디어가 등장하기 전에는 ATL 광고가 대부분이었다. 특히 9시 뉴스 전에 붙는 TV 광고는 '프라임타임 광고'로 불리며 가장 비싼 몸값을 자랑했다. 저녁 식사를 마치고 온 가족이 TV 앞에 모이는 것이 일상이었다. 프라임타임에 방영된 광고의 카피 문구가 유행어처럼 퍼지던 것도 이러한 풍경 때문이다. 경기가 좋았던 만큼 엄청난 매체물량을 기반으로 화려한 **브랜딩 광고가 주를 이루었고** 제품을 한껏 자랑하는 세련된 카피들이 넘쳐났다.

반면 BTL 광고는 'Below the Line'의 줄임말로 온라인 광고, 옥외 광고, 프로모션, 이벤트 등 4대 매체 외의 광고를 뜻한다. 초반의 BTL 광고는 ATL 만큼의 영향력을 발휘하지 못했지만 스마트폰이 나오면서 폭발적으로 성장했다. 광고를 보는 소비자의 연령이 낮아지고 노출 시간이 짧아지면서 **친근한 말투의 Call to Action** 행동을 유도하는 형식 **형 카피가 유행했다.** 직설적인 문체의 카피는 메시지를 쉽고 빠르게 전달하여 매출 상승에도 크게 기여했다.

광고주의 요구에 따라 많은 광고대행사에서 온라인, 모바일을 포함한 통합적인 마케팅을 기획하기 시작했다. 또한 온라인광고만 대행하는 디지털 광고대행사들도 우후죽순 생겨났다. 지금은 모바일 광고가 가장 강력한 미디어로 부상하면서 검색, 바이럴 마케팅, 블로그 마케팅까지 운영해주는 소규모 대행사도 많아졌다. 광고업 생태계가 보다 다이내믹해진 것이다.

정해진 핵심 키워드를 바탕으로 각 매체에 들어갈 광고를 어떻게 소비자에게 효과적으로 전달할지 고민하는 단계이다.

영상 광고, 브랜드에 유머를 담아라

영상 광고로는 지상파. 케이블, 영화관, 지하철, 버스, 유튜브 등이 있다. 가장 강력한 효과를 볼 수 있는 것도 영상 광고라고 할 수 있다. 예전보다 다소 약해졌지만 TV 광고는 여전히 다른 매체보다 힘 있는 광고 수단이며 브랜딩 광고에 최적화된 분야라고 할 수 있다. 그만큼 가장 많은 시간과 예산이 들기도 한다. 예전에는 TV 광고 영상 하나로 온라인이나 옥외 광고에까지 활용했지만 지금은 처음부터 매체별로 다르게 제작하는 추세다.

① 광고에 브랜드 컬러를 담아라

남들이 다 하는 이야기는 하지 말자. 예전처럼 여유 있는 척, 잘난 척 하는 카피는 환영받지 못한다. 좋은 말을 다 담을수록 경쟁업체에 도움을 주는 꼴이 된다. TV 광고는 15초, 30초, 60초로 시간이 정해져 있다. 짧은 시간 안에 브랜드를 알리기 위해서는 카피에 브랜드만의 개성을 담아야 한다. 경쟁이 치열한 분야의 제품은 전략적으로 브랜드명만 노출 시키는 경우도 있다. 처음에는 다소 무성의하게 느껴질지 모른다. 하지만 여러 번 반복하다 보면 그 브랜드만의 독특한 개성이 되기도 한다. 마블의 세븐나이츠 광고는 세븐나이츠_{이하 세나}만 반복해서 보여준다.

세븐나이츠 TV 광고 〈세븐나이츠 편〉

출처: 세븐나이츠 공식 유튜브

세븐나이츠 youtube 광고 콘텐츠

② 재미있어야 본다

최근에는 온라인이나 모바일을 통해 영상광고를 보는 사람이 대다수다. 특히 10~20대의 경우, 유튜브를 통해 원하는 영상을 검색하는 경향이 강하다. 광고영상 초반에 건너뛰기 기능이 있어 시청자의 흥미를 끌지 못한다면 노출조차 될 수 없다. 요즘의 광고는 기본적으로 재미있어야 한다. 재미를 어떻게 끌어낼지는 브랜드마다 깊은 고민이 필요하다.

인쇄 광고, 독자에게 뉴스를 던져라

인쇄 광고로는 신문 광고, 잡지 광고, 리플릿, 현수막, 포스터 광고 등이 있다. 인쇄 광고는 영상 광고보다 훨씬 오래된 광고 매체다. 지금은 읽는 사람이 많이 줄었지만 신문이나 잡지는 아직까지 설득력이나 활용가치 면에서 다른 매체보다 월등히 높다. 특히 신문은 공신력이 높은 매체다. 신문 광고의 카피는 믿을만한 뉴스_{정보}를 제공한다고 믿는 경향이 있다. 잡지 광고의 경우 구독자의 취향을 고려한 뉴스를 던져야 한다. 얼마나 흥미로운 뉴스를 던지느냐가 곧 얼마나 광고를 노출 시키느냐 하는 문제와 연결된다.

① 소비자의 언어로 말하라!

인쇄 광고, 특히 잡지 광고는 소비자층이 어느 정도 정해져 있다. 나이나 취향, 주제에 따라 다양한 잡지가 발행되기 때문이다. 소비자가 점점 세분화되는 것이다. 인쇄 광고는 구독자가 쓰는 언어를 파악하는 것이 중요하다. 특히 문체에 유의해야 한다. 10대들이 보는 잡지에 필요 이상으로 공손한 말투의 글을 쓰면 공감대를 얻기 힘들다. 반대로 40~50대가 읽는 잡지에 반말을 사용하면 반감을 불러일으킬 수 있다.

배달의 민족 잡지 광고 〈뉴타입〉

▲애니메이션 잡지 〈뉴타입〉에 '에반겔리온'의 '소년이여, 신화가 되어라'를 패러디한 카피를 실었다.

출처: 배달의 민족 공식 블로그

배달의 민족 잡지 광고 〈올리브〉

▲주부가 주로 읽는 쿠킹 잡지에 실린 광고다. 음식 맛을 평하는 말투의 카피에 '고기 맛'의 첫 자음을 반복하는 센스를 발휘했다.

② 시의성 있는 화두를 던져라!

인쇄 광고 헤드라인 중 많은 유형이 뉴스형 헤드라인이다. 그 시대의 가장 뜨거운 이슈를 주제로 화두를 던져 구독자들의 시선을 사로잡을 수 있다. 신문 광고의 경우, 아직까지 꽤 많은 오피니언 리더들이 꾸준히 접하고 있는 매체다. 사회문제나 정치, 경제상황을 카피에 담는 방법이 있다. 일례로 전면에 빈 컵라면 이미지를 넣어 '비정규직 청년'의 힘겨운 일상을 표현한 광고가 화제 된 바 있다.

출처: 경향신문

경향신문 〈창간 70주년 전면 광고〉

▲ 광고는 기성세대에게 젊은 세대와의 '공생의 길 못 찾으면 공멸'이라고 경고하고 있다.

음성 광고, 구어체와 중독성 있는 사운드를 써라!

라디오광고, 유튜브, 팟캐스트 광고, 로고송, 징글 등을 대표적인 음성 광고로 구분할 수 있다.

라디오 광고의 경우 보이는 라디오나 팟캐스트처럼 새로운 미디어가 등장하면서 다시 주목을 받고 있다. 음성 광고의 경우 오디오 피디, 성우, 음향감독과 협업해서 만들며 필요한 경우 음악을 제작하는 경우도 있다. 이미지의 도움 없이 오로지 성우의 내레이션과 음악만으로 제작하기 때문에 무엇보다 카피라이터의 역량을 마음껏 펼칠 수 있다는 장점이 있다.

① 구어체로 말하라

라디오 광고는 어떤 환경에서 주로 듣게 될까? 대부분 운전하거나 이동하면서 듣는 경우가 많다 물론 라디오 프로그램에 따라 청취자 직업이나 학력이 달라진다. 따라서 카피를 쓸 때 어려운 용어보다 쉽게 풀어쓰는 게 좋다. 특별한 경우가 아니라면 문어체보다 구어체를 사용해 보다 친근한 느낌을 주는 게 좋다.

② 중독되는 Song을 사용하라

온종일 같은 음악만 흥얼거린 경험을 해본 적 있는가? 왜 그 노래만 머릿속에서 계속 맴돌까? 혹시 출근길 아침에 버스에서 흘러나온 노래를 기억하는가? 아마 그때 들었을 가능성이 높다. 실제로 이와 관런된 연구결과 있다. 아침에 음악이 들어간 광고를 들으면 온종일 머릿속에서 그 음악이 맴돌게 된다는 것이다. 이것을 공명효과라 하는데 광고 특유의 거부감이 적을뿐더러 종일 머릿속에 음악이 맴돌게 만든다. 뇌가 음악에 중독되게 만드는 것이다. 자연스럽게 브랜드를 뇌에 각인시키는 효과가 있다. 그래서 꽤 많은 라디오 광고에서 Song을 활용한다.

Song을 제작할 때 제품이나 브랜드 이름을 반복하는 것도 좋은 방법이다. 서울사이버대학교는 꽤 성공한 라디오광고로 꼽힌다. 대학에서 가장 중요한 건 학생유치다. 학생들은 이름이 알려진 곳을 선호하는 경향이 있으므로 서울사이버대학의 전략은 유효했다. 시원스쿨도 대표적인 사례다. 학원은 경쟁이 치열한 시장이다. 레드오션인 시장에서는 일단 눈에 띄고 봐야 한다.

온라인 광고, 키워드와 리워드로 낚아라!
포털사이트 배너 광고, 이벤트 페이지 광고, 웹페이지 배너 등은 온라인 광고로 구분할 수 있다.

대학시절 광고학개론 수업 시간에 충격적인 이야길 들었다. 교수님이 학생들에게 네이버의 광고단가가 얼마일지 맞춰보라고 하셨다. 맞추는 사람에게 피자를 쏜다는 말에 다들 열심히 손을 들었다. 수백

~수천으로 넘어가도 답이 나오질 않다가 누군가 "1억이요"라고 외쳤다. 교수님이 정답이라고 말하자 학생들의 눈이 휘둥그레졌다. 온라인 광고는 사용자도 알아채기 힘들만큼 빠른 속도로 성장한 시장이다.

① 짧고 강한 키워드로 후킹하라

광고의 홍수 속에서 눈에 띄려면 카피는 짧아져야 한다. 온라인 광고의 경우 시선을 끌 수 있는 시간이 다른 매체에 비해 짧다. 그래서 요즘은 문장이 아닌 키워드 단어 하나만 보여주기도 한다. 포털에서 키워드로 검색하면 이벤트 웹페이지, 블로그에서 더 많은 정보를 보여줄 수 있기 때문이다.

키워드 광고로 가장 많은 주목을 받았던 사례로 광고 회사 '미쓰윤'의 편강탕 광고를 들 수 있다. 처음 광고는 버스 인쇄 광고로만 진행했다. 버스 측면에 "편강탕"이라고 쓰인 인쇄물만 붙이고 대학가, 번화가를 돌아다니게 했다. 이에 궁금증을 느낀 사람들이 포털사이트에 〈편강탕〉을 검색하게 만들었다. 흰 바탕에 궁서체로 〈편강탕〉이라고 쓴 광고는 당시 업계에서 봤을 때 충격적인 광고였다. 무성의하다 못해 B급 광고처럼 보이지만 사실 철저하게 계산된 카피다.

출처: 매일경제뉴스

편강한의원 〈뉴스 포털 배너 광고〉

▲ 대행사 미쓰윤에서 제작한 편강한의원 광고다. '편강탕'이라는 키워드 하나만 지속적으로 강조하고 있다.

② 보상이 잘 보이게 하라

사람들은 공짜를 사랑한다. 오죽하면 "줘도 못 먹으면 바보"라는 말이 있을까. 'A를 하면 B를 준다.'라는 혜택을 보여주는 카피는 생각보다 강력한 힘을 발휘한다. 보상을 받을 수 있는데 못 받으면 왠지 손해 보는 느낌이 드는 게 사람 심리다. 할인 정보와 함께 기간 표시를 해두면 더 효과적이다. 홈쇼핑에서 '매진 임박'을 강조할수록 판매량이 증가하는 것과 비슷한 원리인데, 기간을 한정하면 소비자의 적극적인 행동을 유도할 수 있다.

〈네이버 배너 광고〉

〈다음 배너 광고〉

헤드라인 카피의 9가지 유형

매체마다 콘텐츠 방향이 정해졌다면 그에 맞는 카피 전략을 개발하는 단계이다.

크리에이티브 단계 3_ 카피 전략 세우기

일본의 영상학자 우에조 노리오 교수는 헤드라인을 9가지 유형으로 나눴다. 이 9가지 카피의 유형을 숙지하면 헤드라인 카피를 쓸 때 많은 도움을 받을 수 있다.

① 뉴스형 헤드라인

1시간 빠른 뉴스! 8시 뉴스

김치 냉장고 탄생!

한국 시리즈 우승!

새로운 제품을 론칭하거나 새로운 서비스를 선보일 때, 이벤트를 고지할 때 많이 쓰이는 방식이다. 광고는 새로운 정보를 알려주는 뉴스로서 역할도 포함한다. 정보의 유익함이 광고에 대한 거부감을 커버하게 되는 것이다.

② 단정형 헤드라인

침대는 가구가 아닙니다.

칭찬보다 큰 가르침은 없습니다.

제품과 관련해 힘 있는 주장을 할 때 많이 쓰는 방식이다. 짧고 강한 임팩트를 주는 것이 장점이다.

③ 실증형 헤드라인

샘플만 써 봐도 알아요.

진 화이트만 써요.

그 유명한 ○○○, 저도 한번 써봤습니다.

제품의 장점을 생산자가 아닌 소비자의 입을 통해 증언하는 방식이다. 실증 형식 카피의 핵심은 '신뢰'다. 나와 같은 소비자의 '경험'을 통해 '구체적'으로 제품에 대해 알 수 있다는 것이 실증형식이 특징이다. 최근 유행하는 인플루언서 마케팅 Influencer Marketing, SNS에서 수십만의 팔로워를 거느린 개인을 활용한 마케팅이 대부분 실증형식을 쓰고 있다.

④ 제안형 헤드라인

새로운 세상을 만날 땐 잠시 꺼두셔도 좋습니다.

아침엔 맥심아이스커피

소비자의 기존 행동방식을 바꾸고 싶을 때, 새로운 생활양식을 제안하고 싶을 때 활용 가능한 형식이다.

⑤ 경고형 헤드라인

담배가 당신의 가슴을 죽입니다.

두려움 같은 부정적인 감정을 이용해 행동의 변화를 유도하는 형식으로 주로 공익광고 캠페인에서 많이 볼 수 있다. 일종의 경고 형식을 통해 두려움이나 죄책감을 자극한다.

⑥ 호소형 헤드라인

상상의 힘을 믿습니다.
보통사람, 믿어주세요

광고가 일방적인 느낌을 주면 받아들이는 입장에서 불편한 마음이 들 수 있다. 직접적으로 전달하기 어려울 땐 우회적으로 인간적인 면, 감성에 호소하여 전달하는 것이 효과적이다.

⑦ 질문형 헤드라인

당신은 부모입니까? 학부모입니까?
노후 준비 잘되고 계십니까?

광고를 보는 사람들이 스스로 답을 구할 수 있도록 화두를 던지는 형식이다. 소비자가 평상시에 고민했을 법한 문제를 되물어 공감을 일으키는 데 목적이 있다.

⑧ 정서형 헤드라인

어디에도 없던 것, 인도양으로!

세상의 모든 순간이 더 행복해지도록

이성보다 감성에 호소하는 방식이다. 정서적으로 접근해 분위기로
메시지를 전달하는 방식이다. 명품가전이나 패션, 커피 광고에서 많
이 사용하는 형식이다.

⑨ 혜택형 헤드라인

100% 오렌지만 넣었습니다.

오늘부터 3일간 30% 할인!

소비자의 이익을 가장 직접적으로 보여주는 헤드라인 형식이다. 소
비자의 행동을 유도하는 데 가장 적합한 방법이며, 짧은 시간 안에
관심을 끌어야 하는 경우에 유리하다.

SNS 시대, 7가지 카피전략

과거에 당신을 성공적으로 이끌었던 바로 그 비결이 새로운 세계에서는 먹히지 않을 것이다.

―류 플랫(휴렛팩커드 회장)

SNS가 등장한 후, 광고시장은 많은 것들이 변했다.

명확한 소비자 타깃이 가능해졌다

앞서 설명한 ATL 광고의 경우, 실제로 얼마나 많은 사람에게 노출되었는지 집계할 수 없었다. 미디어별로 광고 효과를 측정하는 것 자체가 사실상 불가능했기에 광고를 집행하기 전부터 광고주의 따가운 의심을 받아야 했다. 하지만 지금은 어떤 사람들이 제품에 관심을 보이는지, 광고를 클릭하는지, 얼마나 사이트에 머물러있는지를 숫자로 알 수 있기 때문에 정확한 광고효과를 알 수 있게 되었다.

새로운 광고모델이 등장했다

유명 모델들의 자리를 매력적인 일반인들이 차지하면서 인플루언서 마케팅이라는 새로운 광고 방식이 등장하기도 했다. 이들이 SNS에 쓰는 멘트가 곧 카피요, 포스팅 자체가 하나의 광고가 되었다.

광고제작 프로세스가 짧아졌다

광고 제작 과정이 현저하게 줄어들었다. 같은 영상광고라도 TV 광고 한 편 제작하는데 수개월이 걸렸다면 지금은 며칠~몇 주 만에 광고 제작이 가능해진 것이다. 컨펌 과정도 단순해지면서 포스팅 속도가 중요해졌다. 당연히 카피라이터가 카피를 고민해야 할 시간도 짧아졌고 카피 전략도 기존과 달라야 했다.

광고의 메인은 기업이 아닌 개인이다

애플의 창업자인 스티브 잡스가 스마트폰을 세상에 내놓은 이후로 모든 정보를 손안에서 공유할 수 있게 되었다. 당연히 미디어 권력도 기업에서 다수의 개인에게 넘어갔다. 이제 광고를 보고 안 보고는 소비자의 선택에 달렸다. 기업들은 어떻게 하면 이들의 선택을 받을 수 있을지 치열하게 고민하게 되었다.

소셜미디어의 가장 확실한 카피 전략은 '공감'을 얻는 것이다

아무리 멋있는 메시지를 만들어도 보는 사람이 공감하지 못하면 관심 밖으로 밀려난다. 사람들은 지금 보고 있는 광고와 내가 어떤 연관성이 있는지 먼저 살피기 마련이다. 카피를 쓰는 사람의 입장이 아닌, 읽는 사람의 입장에서 제작해야 한다. 소비자의 공감을 얻기 위한 카피 전략 7가지를 소개한다.

SNS 카피 전략 1_ 타이밍이 전부다

전화기는 누가 먼저 발명했을까? 많은 이들이 '그레이엄 벨'로 알고 있다. 사실 전화기를 처음 만든 사람은 그레이엄 벨이 아닌 엘리샤 그레이다. 왜 우리는 벨이 전화기를 만들었다고 믿고 있었을까? 바로 전화기에 대한 특허권 때문이다. 벨이 엘리샤보다 전화기 특허 접수를 두 시간 먼저 등록했다. 운명의 장난처럼 간발의 차이가 두 사람의 운명을 갈랐던 것이다.

오늘날은 타이밍의 중요성이 더 커졌다. 우리가 사는 세상은 벨이 살았던 시대보다 훨씬 빠르게 변하기 때문이다. 소셜 미디어는 기존 매체보다 손쉽게 접근할 수 있기 때문에 어떤 이슈가 터지면 그와 관련된 뉴스나 광고가 순식간에 올라온다. 그 어떤 빅이슈라 해도 사람들의 관심이 사라진 후에 업로드 된다면 아무런 소용이 없다.

소비자가 관심을 보일 만한 주제로 광고를 만들었다면 적당한 타이밍에 올려라. 유효기간이 지나면 소용없다. 소셜 미디어에서는 타이밍이 전부다.

SNS 카피 전략 2_ 간결하고 위트 있는 문장을 써라

소셜 미디어 카피는 다른 매체보다 짧아야 한다. 그리고 재미있어야 한다. 소셜은 광고 카피를 읽는데 할애하는 시간이 다른 매체보다 상대적으로 짧다. 보자마자 정보를 받아들일지 말지를 결정한다. 인쇄 광고처럼 빼곡하게 알려줘야 한다는 부담감은 내려놓자. 글을 빽빽하게 채우면 너무 자기 말만 하는 사람처럼 답답한 느낌을 받게 된다. 가장 용서받기 힘든 카피는 긴데 재미도 없는 카피다. 전하고 싶은 메시지가 바로 드러나도록 짧고 담백하게 쓸 것. 물론 유머는 필수다.

SNS 카피 전략 3_ 소비자를 마이크로 단위로 쪼개라

SNS 광고는 데이터를 기반으로 광고 노출 타깃 그룹을 설정할 수 있다. 과거엔 기술이 없어 불가능했다. 광고 효과를 측정할 때 소설을 쓰듯 보고하는 경우가 많았다. 지금은 좁은 범위의 타깃 설정이 가능해 정확하면서 효율적인 피드백을 기대할 수 있게 되었다. 아예 카피에서 소비자가 누구인지 분명히 하는 것도 방법이다. '84년생 여자분만 보세요', '강아지 키우는 분들은 주목!' 같은 카피로 관심을 끌수 있다.

지금은 TV나 신문에서 보던 뉴스기사를 모바일로 접하는 사람이 많을 것이다. 잡지기사, 신문 기사를 가장한 광고도 있다. 보통 이런 기사형 광고를 '네이티브 애드'라고 부른다. 사람들은 사회 이슈나 문화, 건강, 심리, 심리에 관한 뉴스를 빠르고 손쉽게 얻고자 한다. 심지어 자신의 심리분석이나 사주 같은 것도 기사로 찾아보기도 한다. 흥미를 주는 뉴스는 언제나 사람들의 눈길을 끈다.

카피에 숫자를 넣자. 모호한 표현보다 정확한 숫자가 브랜드의 신뢰감을 높여준다. 뇌새김의 "하루 6문장 영어하라!"는 스마트한 카피 사례다. 하루에 6문장이라는 키워드가 과학적인 데이터를 기반으로 추출한 것처럼 보인다. 동시에 숫자는 사람들이 특정 정보를 더 잘

기억할 수 있게 해준다. 기사형 광고에서 숫자를 많이 사용하는 것도
이러한 이유다.

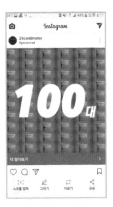

SNS 카피 전략 6_ 라이프 스타일을 녹여라

트위터와 페이스북은 시간이 지나면서 지나치게 정치적인 내용의
글, 가짜뉴스, 스폰서 광고로 채워지면서 기피하는 유저가 늘어갔다.
반대로 인스타그램은 예쁜 사람들의 럭셔리한 일상으로 가득했다.
당연히 유저들의 피로감도 적었다. 후발주자인 인스타그램은 짧은
시간에 트위터와 페이스북의 아성을 넘었다.

대중이 주목하는 일반인이 자연스럽게 제품을 홍보하는 인플루언서
마케팅이 대세가 되었다. 이들이 직접 제품을 써보고 후기를 카피화
하여 내보내기 시작했다. 이른바 증언식 카피가 주를 이루며 광고지

만 광고가 아닌 듯이 자연스럽게 어필했다. 광고의 인위적인 멘트보다 이들의 일상 속의 후기가 더 진실하게 느껴지는 것이다.

SNS 카피 전략 7_ 색다른 해시태그 키워드를 개발하라

해시태그(#)는 스마트폰 시대의 놀라운 발명품이다. 어떤 단어나 문장이든 앞에 해시태그만 붙이면 같은 내용의 해시태그를 올린 사람들의 사진을 검색할 수 있다. 같은 관심사를 가진 사람들에 대해 살펴볼 수 있고 검색 광고의 새로운 장을 열었다 해도 과언이 아니다.

다만 해시태그를 활용할 때는 너무 뻔한 내용은 피해야 한다. 같은 내용의 해시태그가 너무 많으면 자신의 피드가 노출되기 어렵기 때문이다. 남들이 흔히 쓰는 해시태그 보다 새롭고 유니크한 해시태그를 개발해보자.

> **!**
>
> 카피플랫폼은 제품이 가진 속성을 소비자의 감성적인 이익으로 전환하는 것이다. 이제는 기능만으로 경쟁하기엔 힘든 시장 상황이다. 광고는 파는 사람의 메시지를 전달하는 수단이 아니라 소비자에게 구체적인 약속을 제시하는 수단이 되었다. 보통 카피라이터들이 많이 하는 작업이지만 마케터나 기획자에게도 필요한 훈련이다.

제품 속성을 베네핏으로 바꾸기

보통 광고 카피를 쓸 때 어떤 메시지가 매출을 올려줄지 고민한다. 물건을 파는 사람 입장에서는 당연하다. 파는 사람의 목소리가 클수록 잘 팔릴 것이라 생각 하지만 정작 중요한 건 물건을 사는 사람의 마음이다. 요즘 '가심비'라는 말이 유행하고 있다. 일단 중요한 건 상대의 마음을 얻는 일이다. 무슨 말을 할지 고민하기 전에 상대방의 마음을 얻을 수 있는 말이 무엇인지를 찾아야 한다.

팔려고 하는 제품과 소비자 니즈 사이의 교집합을 찾아보자. 정보를 베네핏으로 전환하는 훈련은 구매 대상자의 마음을 헤아리기 위한 과정이다. 정보를 장점으로 바꾸면 소비자가 누구인지, 그들의 심리적인 저항이 무엇이며 일상의 모습이 어떤지 선명하게 그려볼 수 있다. 또한 제품의 역할이 명확해진다는 장점이 있다.

광고대행사에서 카피라이터들이 하는 훈련 중 카피플랫폼 Copy Platform 이 있다. 광고를 만들 제품의 특징속성을 장점으로 바꿔 써보는 것이다. 물론 이 장점은 광고주의 입장에서 주장하는 일방적인 장점이 아니라 소비자가 느끼는 감성적인 혜택이다.

제품의 성질, 기능 ➡ 소비자의 심리적 만족

방법은 간단하다. 우선 흰 종이를 세로로 반으로 접는다. 좌측에는 광고하려는 제품의 정보를 쓴다. 그리고 우측에 그 정보에서 추출된 베네핏을 나열해본다. 제품의 베네핏은 가능한 많이 적는다. 100가지를 써도 좋다. 쉬워 보이지만 막상 쓰자면 진땀이 난다.

국내 즉석 밥 시장의 일인자인 "햇반"을 예로 들어보자. 기존 광고의 카피 사례를 찾아 활용하는 것도 좋은 방법이다. 광고에 실제로 사용된 카피와 비교해볼 수 있기 때문이다. 1997년에 론칭된 "햇반"은 빠른 조리가 가능해 자취생, 싱글족의 큰 사랑을 받았다. 하지만 한 단계 도약하기 위해서는 주부들을 설득해야 했다. 문제는 주부들이 즉석 밥에 대한 심리적 저항감이 있었다는 것이다. 당시만 해도 사람들의 인식은 '주부=밥을 지어야 한다', '햇반=인스턴트', '인스턴트를 사는 주부=게으르다'였다. 주부들은 이런 시선에서 자유로울 수 없었고, 일종의 죄책감 때문에 즉석 밥 구입을 망설였다. 이처럼 초기의 햇반은 인스턴트라는 인식 때문에 '집밥'의 아성을 쉽게 무너뜨릴 수 없었다. 하지만 "햇반"은 소비자에게 주는 이익을 카피에 반영하면서 크게 성공했다. '편리한 햇반'을 '맛있는 햇반'으로 인식전환을 시키면서 1,000억 원이 넘는 매출을 올렸다. 소비자의 마음을 움직이는 말이 무엇인지 아는 것이다.

이미 방영된 TV 광고를 예시로 전환 훈련을 해보자. 우리가 새로운 "햇반" 광고 제작을 앞둔 기획자나 카피라이터라고 가정해보자. 우선, 햇반의 특징정보을 수직으로 왼쪽에 나열해본다. 그리고 오른쪽에는 햇반으로 인해 소비자가 얻는 심리적인 이익을 생각나는 대로 써본다.

햇반의 속성	소비자 혜택
햇반은 조리 시간이 짧다.	– 밥하기 편하다. – 시간을 줄여준다. – 공부/과제 할 시간이 늘어난다. – 자유 시간이 늘었다. – 남편이 사 먹을 수 있다. – 남편이 저녁 준비를 도와줄 수 있다. – 밥하는 시간이 부담스럽지 않다. – 남편이 예뻐 보인다. – 엄마들을(부담감에서) 해방시킨다.

그렇다면, 실제 햇반 광고에 등장한 카피는 무엇일까? 다음은 나열한 베네핏 중 '엄마들을 해방시킨다', '남편이 사 먹을 수 있다.'가 발전된 카피다. 주부가 아니더라도 밥을 차려본 사람들은 매번 돌아오는 끼니가 얼마나 스트레스인지 알 것이다. 식사를 차려보지 않은 사람은 알 수 없는 인사이트다.

좋은 남편은 자기가 산다. 남편이 먼저 찾다.

헤드라인/키카피   슬로건

시간이 지나 햇반은 즉석 밥에 이어 즉석 국까지 론칭했다. 이전 제품과의 차이점은 국 위에 밥을 얹은 패키지로 구성해 전자레인지와 뜨거운 물만 있으면 밥과 국을 같이 먹을 수 있다는 것이었다. 물론

기존의 '맛있는 햇반' 컨셉은 그대로 유지했다. 여기서 두 가지 정보를 추출할 수 있다. 국 위에 밥을 얹은 디자인으로 바뀌었다는 것, 그리고 여전히 좋은 재료로 만든다는 것이다.

햇반의 속성	소비자 혜택
국 위에 밥이 놓인 디자인	– 밥에 국까지 먹을 수 있다. – 따로 더 차릴 필요가 없다. – 밥 먹기 편하다. – 준비, 정리 과정이 손쉽다. – 보관이 편리하다. – 입맛대로 골라 먹을 수 있다.
햇반은 좋은 좋은 재료로 만든다.	– 안심할 수 있다. – 맛이 좋다. – 몸이 건강해진다. – 가족이 건강해진다. – 죄책감이 들지 않는다. – 소화가 잘 된다. – 식사 후 더부룩한 느낌이 없다. – 끝 맛이 깔끔하다.

이번에 집행된 광고의 카피는 무엇일까? TV 광고를 보면 남자 주인공_{손호준}이 식탁에서 홀로 햇반과 국을 맛있게 먹는 장면을 보여준다. 그리고 엄마의 목소리가 들린다. "맛있니?"라고 물으면 손호준이 멋쩍게 웃으면서 "네~"하고 답한다. 그리고 마지막에 카피가 뜬다.

마음이 좋아따. 햇반이 좋아따.   밥보다 더 맛있는 밥 햇반

헤드라인/키카피   슬로건

카피 1

마음이 좋아다. 햇반이 좋아다.

'전업주부의 혜택 중 안심할 수 있다.'를 활용

카피 2

밥보다 더 맛있는 밥

'전업주부의 혜택 중 맛이 좋다.'를 활용

간혹 제품 정보를 그대로 카피로 옮겨 쓴 경우도 있다. 전략방향에 따라 가능한 경우도 있지만 대부분은 기획방향과 카피를 혼동하기 때문에 일어난 일이다. 소비자의 마음을 움직이는 단계까지 가기 위해서는 정보를 베네핏으로 옮기는 '장점 전환' 과정이 필요하다.

위 훈련방법은 기획자나 자영업자들에게도 많은 인사이트를 줄 수 있다. 또한 카피라이터에게는 카피의 핵심 키워드를 만들기 위한 준비과정이기도 하다.

올 댓 카피
실전 훈련법

3. 그룹핑하기

!

'그룹핑'은 비슷한 내용끼리 묶어 생각의 줄line을 세우는 과정이다.
이 단계의 장점은 지금까지 머릿속으로 생각한 문장들을 조감할 수
있다는 것이다. 또 자신이 어느 특정 방향에 치우쳐 있는지 체크해
볼 수 있다. 그룹핑 단계는 다른 사람과 함께 하거나 시간의 여유를
두고 진행할수록 더 다양한 관점의 글을 모을 수 있다.

비슷한 항목끼리 묶기

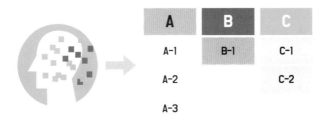

A	B	C
A-1	B-1	C-1
A-2		C-2
A-3		

그룹핑 단계는 머릿속에 파편처럼 산재한 생각을 비슷한 것끼리 묶어보는 작업이다. 자신이 쓴 글이 어느 한쪽으로 치우치는 것을 사전에 방지해주는 역할을 한다. 또한 다른 방향으로 사고를 확장할 수 있게 해준다. 이 과정을 거치면 자신의 생각이 얼마나 한쪽으로 치우쳐 있었는지 눈으로 직접 확인할 수 있다. 그룹화 단계를 통해 자신의 사고 편향을 알 수 있다. 전혀 다른 두 가지를 생각한 줄 알았는데 분류해보니 같은 생각이었다는 걸 깨닫게 되기도 한다.

그룹핑의 장점을 정리하면 크게 세 가지를 들 수 있다.

장점 1. 아이디어나 문장을 풍성하게 만들어준다

한 가지 사안을 다양한 시각으로 볼 수 있게 도와준다. 여기에 여러 사람의 생각이 더해지면 더 많은 솔루션을 얻을 수 있다.

장점 2. 선입견에서 벗어나게 해준다

다른 사람들은 어떤 관점으로 문제에 접근하는지 알 수 있다. 타인의 생각과 내 생각을 비교하면서 내 안의 상식과 선입견을 바로 볼 수 있게 해준다는 장점이 있다. 아이디어든 문장이든 한 사람에게서 나올 수 있는 분량과 관점은 제한적일 수밖에 없다. 다양한 시각을 경험하면서 스스로 만든 선입견의 벽을 무너트릴 수 있게 해준다.

장점 3. 사고 전체를 조망할 수 있다.

여러 아이디어를 전체적으로 바라볼 수 있게 해준다. 자연스레 나무보다 숲을 보는 안목이 생긴다. 앞으로 어떤 사안에 대해 접근할 때 체계적이고 구조적으로 접근할 수 있게 도와준다.

광고대행사에 가 보면 회의실에 종이가 잔뜩 붙어있는 광경을 많이 보았을 것이다. 보통 콘텐츠 아이디어 회의를 할 때, 핵심 키워드를 정할 때, 최종적으로 카피를 정할 때 그룹핑을 많이 활용한다. 그룹핑 단계는 마케터나 기획자에게도 도움이 되는 훈련법이다. 특별히 광고와 관련된 의제가 아니더라도 어떤 문제에 대한 해법을 찾을 때 매우 유용하다.

그룹화 단계 훈련하기
① 종이 한 장에 생각나는 문장을 하나씩 적어보기
② 비슷한 항목끼리 묶어 보기
③ 비슷한 내용은 세로로, 다른 내용은 가로로 줄세우기
④ 가로줄에 그룹 이름 붙이기
⑤ 생각을 추가하면서 가로줄과 세로줄 늘리기

종이 한 장에 하나의 생각만 담기
종이 한 장에 한 문장만 쓴다. 한 번에 한 가지 생각만 담는 것이다. 머릿속의 단편적인 생각들을 한장 한장 밖으로 꺼내보는 과정이다.

사무실에 돌아다니는 이면지를 활용해도 좋다. 순서도 신경 쓰지 말고 남의 눈치도 보지 말고 자유롭게 생각을 적는다. 글씨는 되도록 크게 쓴다. 나중에 다른 글과 함께 펼쳐봤을 때 잘 읽혀야 되기 때문이다.

이렇게 문장을 계속 쓰다 보면 빠른 시간 안에 아웃풋을 내는 습관이 생긴다. 더 이상 '백색 공포'에 시달리지 않게 된다. 백색 공포란, 하얀 종이를 어떻게 채울지 몰라 안절부절못하게 되는 현상을 말한다. 글쓰기에 익숙하지 않은 사람들이 자주 겪는 증상이다. 쉬지 않고 종이에 적다 보면 어느새 자신감이 붙을 것이다.

비슷한 항목끼리 묶기

문장으로 채워진 종이들을 한눈에 볼 수 있게 펼친다. 천천히 순서대로 훑어보며 내용의 방향이 비슷한 것끼리 모아본다. 비슷한 항목끼리 묶어보면 크게 몇 개의 그룹으로 나뉜다. 각 그룹의 크기는 지금 단계에서는 제각각이다. 어떤 그룹은 십여 장이 넘어가는가 하면 또 다른 그룹은 한두 장에 그칠 것이다. 현 단계에서는 차이가 있을 수밖에 없다. 마지막에 '확장'을 통해 각 그룹이 가진 문장의 개수가 어느 정도 비슷해지도록 만들 수 있다.

그렇다면 어떤 기준으로 묶을 것인가? 맥킨지 출신인 바바라 민토의 《논리의 기술》을 보면, 각 항목을 나누는 기준을 세 가지로 정했다.

이를 참고하면 훨씬 수월할 것이다. 참고로 카피를 정할 때는 '주제소재/메시지'에 따른 분류방법을 가장 많이 쓴다.

- 동일한 주제소재/메시지에 관한 것인가?
- 목표를 향한 구체적인 행동에 관한 것인가?
- 같은 결과에 관한 것인가?

그룹핑 과정에서 묶어보는 작업은 여러 번 반복하는 편이 좋다. 1차로 그룹핑 작업을 거친 결과물을 살펴보고 중복된 내용이 있는지, 다른 기준으로 다시 나눌 수 있는지 체크해본다. 한 번의 분류로는 정확성을 기대하기 힘들기 때문이다. 자기도 모르게 놓치는 것들이 있을 것이다. 2차 분류를 반드시 해보도록 한다. 분류하고 검토하는 과정을 반복하면 보다 정확하게 그룹이 나뉜다.

라인 만들기: 가로줄과 세로줄 만들기

2차 분류까지 마쳤다면 상위내용과 하위내용을 구분하여 줄을 맞추는 과정이 필요하다. 서로 겹치는 내용은 세로줄로, 겹치지 않는 내용은 가로줄로 해서 배열해본다.

먼저 종이수가 많은 순서대로 왼쪽에서 오른쪽으로 나열한다. 서로 다른 관점에 의해 생겨난 말을 가로로 나열한다. 세로줄 안에서는 가장 마음에 드는 문장의 순위를 매겨 위에서 아래로 배치한다. 이렇게 종이를 나열하면 이제껏 나온 문장들이 얼마나 폭넓은 사고를 거쳤는지세로줄, 얼마나 깊이 있게 생각했지가로줄 객관적인 시각에서 평가할 수 있다

각 그룹에 이름을 붙여준다. 지금까지 막연하게 생각하고 있던 것을 명확히 하기 위함이다. 그룹의 이름은 하위 내용 전체를 아우를 수 있는 단어여야 한다.

그룹핑 단계 예시 1

가로줄과 세로줄 늘리기

어느 정도 정리가 되었다면 그룹 '확장'단계로 들어간다. 가장 먼저 그룹의 가로줄을 점점 늘린다. 전에 생각지 못한 새로운 방향으로 생각의 폭을 넓히기 위해서다. 가로 그룹의 개수는 많을수록 좋다. 이 작업은 혼자 힘으로 단기간에 이루긴 힘들다. 아무래도 한 사람에게 나올

수 있는 생각의 방향이 한계가 있기 때문이다. 가능하다면 팀을 짜서 여러 사람과 함께 하는 것이 그룹 개수를 빠르게 늘릴 수 있는 방법 가운데 하나다. 혼자 작업한다면 시간을 두고 그룹핑 작업을 한다.

가로라인을 늘렸다면 다시 세로라인을 늘려간다. 가로줄을 늘리는 것은 생각을 확장하는 과정이라면 세로줄을 늘리는 건 생각을 심화하는 과정이다. 생각을 늘리는 것보다 심화하는 과정이 더 수월할 수 있다. 같은 개념 안에서 가지치기를 하면 되기 때문이다. 세로줄을 늘리다 보면 이전과 다른 방향성의 그룹이 만들어지기도 한다. 잘 정리된 그룹핑은 누가 봐도 타당하고 탄탄하다. 그리고 이후에 누군가

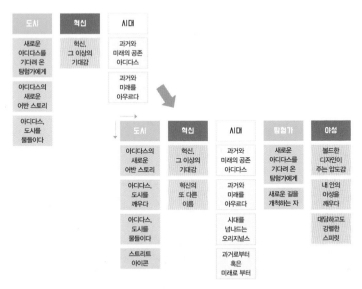

그룹핑 단계 예시 2

를 설득하기도 쉽다.

그룹핑을 하다 보면 한 사람이 할 수 있는 생각의 폭이 한정적이란 걸 알게 된다. 개인차가 있긴 하겠지만 이러한 훈련 과정이 부족한 사람일수록 부족한 자신과 마주하게 될 것이다. 하지만 이 과정을 자연스럽게 받아들였을 때 사고가 넓어지는 계기가 만들어진다.

카피의
표현

10%의 잉크가 카피를 완성한다

"천재는 99%의 노력과 1%의 영감으로 만들어진다." 에디슨의 유명한 명언이다. 에디슨이 강조하고자 했던 건 99%의 노력이었을까? 1%의 영감이었을까? 어느 쪽이든 노력이 없거나 영감이 없으면 천재는 완성될 수 없다.

"카피는 90%의 싱크(think)와 10%의 잉크(ink)로 쓰여진다."

카피라이터의 대부, 핼 스테빈스가 한 말이다. 무릎을 탁! 칠 정도로 멋진 카피가 만들어지기 위해서는 90%의 싱크와 10%의 잉크가 필요하다는 것이다. 여기서 싱크는 발상법, 잉크는 표현법에 관한 이야기다. 전략적인 사고는 어느 정도 경험이 만들어주는 부분도 있다. 연차가 쌓이면 나무보다 숲을 보는 안목이 생기기 때문이다. '이런 느낌의 카피가 나와야 하지 않을까?' 라고 쉽게 방향 설정을 할 수 있다.

하지만 실제로 머릿속에 존재하는 카피를 손으로 써서 보여주는 건 완전히 다른 능력이다. 카피는 머릿속에만 존재하는 것이 아니라. 머리 밖으로 꺼내서 남들에게 보여줄 수 있어야 한다. 카피를 쓰려는 사람은 반드시 익혀야 하는 것이 바로 카피의 표현법이다.

광고업계 사관학교라 불리는 "제일기획"은 카피라이터를 뽑을 때 꼭

하는 질문이 있다. "당신은 아이디어를 잘 내는 카피라이터입니까? 라이팅writing을 잘하는 카피라이터입니까?" 재미있는 사실은 "저는 라이팅을 잘하는 카피라이터입니다"라고 대답하는 사람이 현저히 적다는 것이다. 카피라이터를 지망하는 사람조차, 카피라이터로 일하고 있는 사람조차 라이팅에 대한 자신감이 없는 경우가 많다. 글을 잘 쓸 수 있는 노하우와 체계적인 훈련이 부족한 데서 오는 것이다.

많은 사람들이 발상의 중요성은 알지만 발상을 표현하는 방법에 대한 공부를 간과하는 경우가 많다. 원하는 카피가 완성되지 않는 이유는 여기에 있다. 이제부터는 90%의 싱크를 밖으로 꺼내줄 "10%의 잉크"에 대한 이야기를 해보자.

문장 수집가가 되자

서가를 보면 자신이 무엇으로 이루어져 있는지가 보인다.

―다치바나 다카시, 《다치바나 다카시의 서재》 중

카피라이팅 단계 1_ 카피 자료 수집하기

카피는 무에서 유를 창조하는 일일까? 유에서 유를 창조하는 일일까? 고백하건대 모든 카피가 온전히 카피라이터의 머릿속에서 나오기는 힘들다. 카피라이팅은 창의적인 활동임에는 틀림없다. 다만 많은 경우, 이미 존재하는 문장을 변형하거나 발전시키기도 한다. 하늘 아래 새로운 것이 없다는 말이 있다. 온전하게 무에서 유를 만드는 건 어쩌면 신의 영역일지 모른다.

멋진 문장이 떠오르지 않는다면 그것은 당신의 저장고가 비어있기 때문이다. 카피를 쓰기 전, 카피의 재료가 충분히 있는지 점검해보자. 좋은 글을 쓰고 싶다면 평상시에 남이 쓴 글 중에 인상적인 글을 모아 두어야 한다. 프로젝트가 시작된 후에 쓸 만한 문장을 모은다? 그런 위험한 짓은 삼가는 게 좋다. 자료는 미리미리 모아두어야 한다.

좋은 문장은 어디서 찾을 수 있나요?

신문 사설 제목, 칼럼리스트의 글, 보그체처럼 잡지 속 독특한 문체, 국내외 대기업 슬로건, 스토리텔링 광고 카피, 소설 속 첫 문장, 일본의 감성적인 광고 카피, 다른 사람이 쓴 광고기획서, 좋아하는 시, 예능 방송의 자막, 글 쓰는 법에 관한 사설, 작은 가게 사장님이 쓴 홍보문구, 데이비드 오길비의 책, 게임용어, 썰전의 한줄평 등

일본의 저명한 지식인이자 북 컬렉터인 다치바나 다카시는 책을 고를 때 어느 한 분야에 국한하지 않고 읽는다고 한다. 그가 산 책이 빌딩 한 채를 채울 정도니 그의 관심사가 얼마나 넓은지 추측해볼 수 있

다. 그가 전 방위로 책을 모으는 데는 이유가 있다. 바로 사고의 확장을 위해서다. 단순히 지식을 얻고자 하는 노력을 넘어 세상을 바라보는 시야가 넓어지고 생각도 깊어진다는 것이다. 카피의 재료가 될 문장을 고를 때도 적용할 수 있겠다. 이미 광고 카피로 쓰인 글을 모으기보다 다양한 루트를 통해 문장을 수집하자.

대표적으로 소설은 주옥같은 문장들로 가득하다. 특히 첫 문장이 그렇다. 오프닝에 임팩트가 있어야 독자가 책을 계속 읽을지 말지를 결정하기 때문이다. 그래서 소설가들이 첫 문장에 가장 많은 시간과 정성을 들인다고 한다. 알베르 카뮈의 《이방인》이나 톨스토이의 《안나 카레리나》 같은 소설이 지금까지 사랑받는 것도 강렬한 첫 문장 때문일 것이다.

글이 아니어도 좋다. 시장에서 장사하는 아주머니, 아저씨들이 손님을 끌어모으기 위해 외치는 말이나 백화점, 마트에서 아줌마들끼리 하는 말을 옆에서 듣고 있노라면 건질 말이 많다. 그들의 말은 컨셉위딩이 되기도 하고 운이 좋으면 그대로 카피로 쓸 수 있다. 앞으로 집 밖을 나설 때 작은 수첩 하나를 들고 가는 건 어떨까.

핸드폰 카메라는 유용한 기억저장소다. 그때그때 바로 찍어서 저장을 해두자. 모바일 광고에 특이한 카피가 뜨거나 블로그에 잘 쓴 글들은 바로 캡처한다. 시간이 지날수록 용량 문제가 생길 수 있으니 정기적으로 노트북에 옮겨 폴더별로 정리를 해둔다. 카피 자료를 데이터화 시켜놓으면 추후에 문서 작업할 때 곧바로 응용할 수 있다.

수사법(修辭法)을 익히면 카피가 풍부해진다.

카피라이팅 단계 2_ 카피 숙성하기

수사법이란 어떠한 생각을 특별한 방식으로 전달하는 기술로 표현이나 설득에 필요한 다양한 언어표현기법을 말한다.

학교 다닐 때 배웠던 수사법을 체화시키면 카피를 쓸 때도 도움이 된다. 수사는 말 그대로 문장을 아름답게 꾸며주는 역할을 한다. 우리가 외출하기 전에 한껏 꾸미고 나가는 것처럼 문장에도 메이크업이 필요하다. 그래야 카피를 쓰는 사람도 표현이 풍성해지고 읽는 사람도 더 쉽게 받아들일 수 있기 때문이다.

수사법의 종류는 은유, 직유, 환유, 제유 등의 비유법, 과장, 생략 등의 강조법 등 쓰임에 따라 다양한 이름으로 불린다. 이 책에서는 카피에서 자주 쓰이는 수사법을 중심으로 소개한다.

은유법: A를 B에 비유하기

비유법 중 대표적으로 은유법을 들 수 있다. '내 마음은 호수요'처럼 'A(원관념)는 B(보조관념)다.' 라고 잘라 말하는 방식이 은유법이다. 원관념은 실제 표현하고자 하는 실체를 뜻하고 뒤의 보조관념은 원관념의 분위기가 드러나도록 도와주는 역할이다. 내 마음은 호수같이 넓고 평온하다는 것을 간결하게 표현한 것이다.

내 마음은 　　호수요
A(원관념)　　B(보조관념)

일상적인 언어보다 문학적인 언어에 더 가깝다. 그래서 소설가나 시인들의 글에서 자주 찾아볼 수 있다. 카피를 쓸 때 필요에 따라 시적인 표현을 빌리기도 한다. 은유법을 활용한 카피는 특히 기업 광고에서 많이 찾아볼 수 있다.

은유법의 예

사람이 미래다 (두산중공업)

당신에게는 멋도 맛잉니다 (하우젠)

침대는 과학이다 (에이스침대)

난 빨간 눈 (애니콜)

두뇌가 우리의 자원 (큐닉스)

여자의 변신은 무죄 (금강 르느와르)

세일은 타이밍이다 (훅 컴퓨터)

우유는 록이다 (서울우유)

여자는 남자의 미래다 (영화 제목)

환유법: 새로운 눈으로 바라보기

환유는 가령 사람을 동물이나 식물에 비유하는 식으로 기존의 의미
를 새로운 의미로 해석하는 비유법이다. 환유의 기법이 가장 많이 쓰
이는 매체가 신문 사설이나 뉴스 기사일 것이다. '미국과 중국의 무
역전쟁'이라는 타이틀을 예로 들어보자. 실제 미국과 중국의 물리적

인 전쟁을 말하는 것이 아니라 미국 정부의 수장과 중국 정부의 수장 사이의 경제적 이득을 놓고 벌이는 긴장감을 뜻한다. 돈을 심하게 아끼는 사람에게 "이런, 스크루지!"라고 말한다면 그 사람 이름이 스크루지라는 것이 아니라 심한 구두쇠라는 걸 뜻한다. 가만히 보면 일상에서 우리도 모르게 환유법을 자주 사용하고 있다.

환유법의 예

대한민국 1% (렉스턴)

레드불, 날개를 달아줘요 (레드불)

한국인의 시계 (동방시계)

집 안의 작은 프랑스 (몰리넥스)

밭에서 따온 요구르트 (풀무원)

큰 산의 마음 (대우증권)

젊은 날의 커피 (동서식품)

현대백화점과 만나는 여름바다 (현대백화점)

동음이의어: 비슷한 소리의 언어로 말장난 하기

같은 소리가 나는 두 단어를 이용해 두 가지의 해석을 함께 갖고 갈 수 있는 비유법이다. 말장난 같이 가벼운 느낌을 전달해 듣는 사람이 '피식' 웃게 만든다.

동음이어의 예

다 때가 있다 (배달의 민족)

내일엔 시어철 (아모레퍼시픽)

롯데월드 인생사진관 (롯데월드 '그럴싸진관')

수지는 같이 탄다. 신선한 모카로 같이 탈래? (네스카페)

요즘 대우받고 살아요 (대우냉장고)

이 모든 것이 한 곳을 향합니다.
WeWork는 당신의 성장을 위해 존재합니다.
우리는 우리를 We 합니다 (WeWork)

의성어, 의태어: 소리를 글로 담아라

의성어나 의태어는 소리를 시각화해서 문장에 생동감을 더하는 방식이다. 식음료나 세재 광고에 많이 쓰이는 기법이다. 우리가 처음 말을 배울 때 엄마들이 자주 쓰는 말이 의성어나 의태어이기 때문에 본능적으로 친숙하게 느껴지는 비유법이라고 할 수 있다. 카피에 의성어나 의태어가 더해지면 친숙하고 귀여운 느낌이 들어 호감을 얻기 쉽다.

반복: 문장에 리듬을 더하라

반복법에는 문장의 시작 부분이 반복되는 두운법, 끝소리를 맞춘 각
운법, 구절이 반복되는 대구법이 있다. 위의 세 가지 수사법은 문장
에 리듬감을 더해 읽는 사람이 더 잘 기억할 수 있다는 장점이 있다.

기댈 수 있는 빨간 날, 기댈 수 있는 혜택 (비씨카드)

움직임이 좋아진다. 움직이고 싶어진다 (유니클로)

나를 닮은, 나를 닮은 집 (홈라떼)

요리에 호술을 걸어보세요 (캘리포니아 건포도)

좋은 집 좋은 문 (삼익목재)

큰 행복, 큰 금융 (SK 증권)

좋은 시간, 좋은 만남 (신세계)

달래느라 손목도 #내감직
재우느라 오늘도 #밤샘직
하지만 하루하루 더 #키움직 (SK매직 올인원 직수정수기)

깜짝 놀란 나, 감동한 나, 즐거운 나. \\\\\\ (하나카드)

전통 100년, 도전 100년 (두산그룹)

모두가 갖고 싶은 차, 모두가 할 수 없는 차 (재규어)

한국엔 없어! 위즈위드엔 있어! (위즈위드)

잘 가라, 고복이여, 반갑다, 즐거움이여 (KTF)

좋은 놈, 나쁜 놈, 이상한 놈 (영화 제목)

말로만 효자? 카드로 효자? (비씨카드)

가장 부유한 시대, 가장 불행한 세대 (이데일리 기사 제목)

적게 팔리는 것을 걱정하지 않고,
잠만 팔리는 것을 두려워합니다 (이론과 실천사)

사람들에겐 1,500 미터의 물방울,
나에겐 1,500 리터의 땀방울 (국민은행)

!

카피라이터는 언어의 마술사가 되어야 한다.
대중이 공감할 수 있는,
참신한 문장을 쓸 수 있어야 한다.

그림처럼 선명하게 쓰자

추상적인 단어보다 구체적인 단어를 쓰자

신입 카피라이터들이 선배 카피라이터에게 자주 듣는 잔소리. "너 무슨 대통령 신년사 쓰냐?" 왜 하필 대통령 신년사일까. 한 마디로 좋은 말만 있을 뿐, 누구에게 무슨 말을 하고 싶은지 모르겠다는 것이다. 꾸미는 말이나 추상적인 표현이 가득할 때 이런 식으로 혼이

나곤 한다. 대통령 연설문을 쓰는 분들이 들으면 억울할 말이다. 대통령은 온 국민을 대상으로 소통하는 사람이다. 그래서 대통령의 연설에서 많은 사람들의 이해관계가 상충하는 내용이 나오는 경우도 있다. 그래서 일부러 메시지를 모호하게 수식하는 경우가 더러 있다. 하지만 광고는 다르다. 구매 대상자가 분명하다. 그래서 보는 사람이 확실하게 이해할 수 있는 구체적인 단어를 쓰는 편이 좋다.

명확하지 않은 글은 사람들을 움직이지 못한다. 이는 실제로 우리의 뇌가 그렇게 만들어졌기 때문이다. 아래의 단어 중 어떤 단어에 더 눈길이 가는가?

> 최선의, 경제적인, 강아지, 양질의, 엄숙한, 긍정적인, 밝은

가장 눈에 들어오는 단어는 강아지일 것이다. '강아지'란 단어를 읽었을 때 그 이미지를 바로 떠올릴 수 있기 때문이다. 구체적인 단어는 뇌에 강한 자극을 준다. 뇌 속 해마를 자극하면서 우리가 경험했던 순간들을 떠올리게 만든다. 찾아보면 속담이나 관용어, 심지어 유행어까지 구체적인 대상을 두고 문장을 만든다. 어릴 적 친구의 별명을 지을 때 구체적인 대상에 빗대어 말하는 것도 이런 이유 때문이다.

뉘앙스를 알아야 사랑 받는다

"아 다르고 어 다르다"라는 말이 있다. '꼭 말을 해도!' 라는 타박을 들었다면 단어 선택에 문제가 없었는지 돌이켜볼 일이다. 말을 하는 사람, 글을 쓰는 사람은 단어 선택에 예민하다. 이걸 단어가 주는 분위기, 즉 뉘앙스라 한다. 같은 내용을 전달하더라도 단어의 뉘앙스에 따라 상대가 어떻게 받아들일지 예상할 수 있어야 한다.

이성적인 언어보다 감성적인 언어를 쓰자

누군가를 설득하고 싶을 때 이성에 호소해야 할까? 감성에 호소해야 할까? 보통 완벽한 논리가 사람을 설득하기 쉬울 것으로 생각하지만 실상은 다르다. 사람은 감정에 의해 움직인다. 감정이 뇌의 기억을 강화하고 입력된 정보를 빠르게 처리하도록 만들기 때문이다. 학창 시절에 좋아했던 선생님의 과목만 성적이 쭉쭉 오르는 경험이 대표적인 사례다. 뇌는 이성보다 감성적인 단어에 더 민감하다.

감성의 힘을 잘 활용한 카피로 주목받은 브랜드가 네스트호텔Nest Hotel 이다. 네스트호텔의 공식 인스타그램 포스팅을 읽고 있으면 '나도 네스트호텔에 가고 싶다'는 생각이 절로 든다. 이벤트를 할 때도 가격을 앞세우기보다 우아한 분위기를 풍기며 손님을 초대한다. 댓글에는 '카피라이터가 누구냐', '카피가 너무 좋다. 월급 많이 줘야 한다'

는 칭찬 일색이다. 참고로 네스트호텔의 메인 카피는 '당신만의 은신처, 네스트호텔'이다.

네스트 호텔 카피 1

나만의 은신처에서 마주한
아침 7시 48분의 하늘.
조금 특별한 오늘은
가슴 뭉클한 설렘과
희망이 가득 찬 용기를 담은 햇살이
스며드는 아침이다.

네스트 호텔 카피 2

한 낮의 산책, 여백의 시간.
여행에서의 산책이 좋은 이유는
현실에서 두 발짝 정도 떨어져 나온 듯한 공간에서
복잡한 생각이나 처리해야 할 업무 따위 없이
원하는 만큼 시간을 흘려보낼 수 있기 때문이다.

네스트 호텔 카피 3

화창한 하늘, 적당한 바람
공기마저 달콤한 오늘
지금 내 옆에 있는 사람에게
여전한 설렘을 담아
사랑을 말하기 너무 좋은 날

감성적인 단어나 문장이 주는 좋은 느낌을 사람들은 오래 기억한다. 네스트호텔은 지금도 많은 사람들이 찾는 호텔 중 하나다.

오븐에서 나온 문장

박준 시인의 《운다고 달라지는 일은 아무것도 없겠지만》에 이런 글이 있다.

"말은 사람의 입에서 태어났다가 사람의 귀에서 죽는다. 하지만 어떤 말들은 죽지 않고 사람의 마음속으로 들어가 살아남는다."

같은 내용도 어떤 단어와 문장을 선택하느냐에 따라 따뜻한 말이 되기도 하고 차가운 말이 되기도 한다. 말 한 마디, 글 한 줄의 영향력은 생각보다 오래간다.

부자에 대한 단어도 뉘앙스에 따라 여러 가지가 있다. 부호, 갑부, 졸부, 벼락부자, 금수저, 귀족, 백만장자, 억만장자, 자산가, 상속자, 있는 사람, 있는 집…. 부자에 대해 긍정적으로 보는 사람은 자산가, 부호라는 단어를 자주 쓸 것이다. 하지만 돈 있는 사람들이 부럽고 배아픈 경우에는 졸부, 벼락부자 같은 단어를 주로 쓸 것이다. 단어는 글 쓰는 이의 생각을 보여준다.

카피를 쓰는 사람은 삐딱한 마음을 가져서는 안 된다. 카피는 긍정적인 언어가 주가 되어야 한다. 특별히 위험 소구형 광고가 아니라면 말이다. 예전에 한 카피라이터 선배의 말이 생각난다.

"말이나 글은 오븐에서 나와야지.
냉장고에서 나오면 안 되는 거야."

카피는 따뜻하고 인간미가 느껴져야 비로소 사람들의 마음속에 들어가 살아남는다.

크게 말할까 작게 말할까

카피는 캠페인 성격에 따라 담대하게 이야기할 때가 있고 소담하게 이야기할 때가 있다. 설득의 대상이 다르거나 브랜드의 시점에 따라 달라지는 것이다. 웅장하고 비장한 분위기로 사람들의 주목을 끄는 화법을 광고에서 매니페스토 기법이라 한다.

매니페스토(manifesto)

이 말은 정치인들이 선거를 앞두고 유권자들에게 자기 철학과 공약을 '성명서'로 발표하는 걸 말한다. '증거'라는 의미의 라틴어 마니페스투manifestus가 이탈리아어로 들어가 매니페스또 manifesto가 되었다.

기업의 브랜드 철학이나 비전, 핵심가치를 대대적으로 알릴 때 매니페스토 광고를 만든다. 주제도 사랑, 헌신, 노력, 완벽함, 전쟁, 창의와 같은 큰 이야기가 주가 된다. 매니페스토 광고를 가장 잘 활용하는 기업을 꼽으라면 단연 애플일 것이다. 아래의 글은 애플의 2013년 매니페스토의 카피다.

그렇습니다.
중요한 건 바로 제품이 주는 경험.
사람들이 받게 될 느낌.
그것이 어떤 것일까? 라는
상상으로부터 시작한다면,
당신은 한 걸음 물러서서 생각할 것입니다.

누구를 위한 걸까?
삶이 더 좋아질까?
존재할 만한 이유가 있는 걸까?
많은 것을 만들기에만 바쁘다면
그 어떤 것도 완벽하게 할 수 없겠죠.

우리는 우연을 믿지 않습니다.
행운을 기대하지도 않습니다.
하나의 답을 찾기 위해
'아니다'를 수천 번 반복하고,
단 몇 개의 위대한 것을 위해
그 몇 배의 시간 동안 노력합니다.
우리의 손길이 닿은 모든 아이디어가
사람들의 삶에 닿을 수 있을 때까지.

우리는 엔지니어이자 아티스트.
장인이자 발명가입니다.
그리고 우리는 서명합니다.
당신은 무심코 지나칠 수도 있겠지요.
하지만 언제나 느낄 것입니다.
이것이 우리의 서명.
그리고 이것은 우리의 전부입니다.

아래의 글은 애플 설립 초기의 매니페스토 광고다. 아인슈타인, 피카소, 마틴 루터킹, 존 레논, 간디, 제인 구달, 히치콕 등 위대한 사람들의 흑백 사진이 광고 이미지의 전부다. 두 광고 모두 일관되게 '천재 장인들이 만드는 제품'이라는 철학을 전달하고 있다.

미치광이들에게 바치는 헌사.
부적응자들, 반역자들, 말썽꾼들.
사물을 다르게 보는 사람들.
그들은 규정을 좋아하지 않는다.
그리고 그들은 현상유지에 관심이 없다.
당신은 그들을 칭찬하거나, 반박하거나, 인용하거나
불신하거나, 찬양하거나, 비방할 수 있다.
당신이 할 수 없는 유일한 것은 그들을 무시하는 것이다.
왜냐하면 그들은 세상을 바꾸기 때문이다.

그들은 발명한다.
그들은 상상한다.
치료한다.
탐험한다.
창조한다.
영감을 불어넣는다.
그들은 인류를 진전시킨다.
다른 이들은 이들을 미쳤다고 하지만, 우리는 그들을 천재
라 부른다.

— Think Different 애플

반면 소소한 일상을 내밀하게 이야기해야 할 때도 있다. 마치 일기나 수필을 쓰듯 자신의 느낌을 적은 카피형식이다. 이런 글은 생활감이 묻어난다. 그래서 읽는 사람들에게 공감을 얻는다. 이런 수필형 광고를 가장 잘 쓰는 나라는 일본일 것이다. 아래 카피는 메이지초콜릿의 인쇄 광고다. 처음 헤드라인을 보면 뜨악하게 된다. 하지만 인내심을 갖고 바디카피를 읽어나가다 보면 왜 헤드라인을 이렇게 썼는지 알 수 있다.

"아내 말고 좋아하는 사람이 있습니다."

결혼 35년, 부끄럽지만 저, 아내 말고 좋아하는 여성이 있습니다. 아내가 자리를 비울 때 다행히도 연하의 그녀와 데이트를 즐길 수 있었습니다. 마음이 젊어지는 듯한 시간이었습니다. 밸런타인데이에 처음으로 초콜릿을 준 것도 그녀였습니다. 그러나 달콤한 시간은 길게 이어지지 않았습니다. 결국 그녀에게도 젊은 연인이 생겼습니다. 말릴 방법은 없었습니다. 참으로 씁쓸한 추억입니다.
그러나 몇 년 만에 재회를 하게 되었습니다.

"아버지, 다녀왔습니다."

그 연인이 돌아왔습니다. 저를 조금 닮은 남자아이를 데리고 화이트데이, 저는 두 개의 초콜릿을 보냈습니다. 사랑하는 아내와 딸에게.

"초콜릿은 사람을 행복하게 합니다. 초콜릿은 메이지."

일본의 초콜릿 회사, 메이지는 카피라이터들이 샘낼만한 광고를 정말 잘 만든다. 메이지의 다른 카피를 하나 더 소개할까 한다.

초콜릿을 베어 문다.
그 행복한 얼굴 계속 보고 있는 것으로,
언제부터인가 내가 더 웃게 된다.

부드럽게 하려는 건 나인데
왠지 모르게 부드러워진 기분.

인간은 불가사의하다.
초콜릿은 불가사의하다.

"메이지 초콜릿"

매니페스토는 외향적이고 힘 있는 남성을 연상시킨다. 반면에 수필형 카피는 내향적인 성격의 여성을 연상시킨다. 어느 쪽을 택하든 광고의 목적에 맞게 자유자재로 활용할 수 있다면 글쓰기의 스펙트럼이 보다 넓어질 것이다.

쓰기보다 고쳐 쓰기가 중요하다.

카피라이팅 단계 3_ 카피 수정하기

글 쓰는 과정은 작품을 조각하는 과정과 같다. 계속 깎고 다듬어야 타인이 읽었을 때 이해할 수 있는 수준의 글이 나온다. 자신이 쓴 글을 점검하는 과정이 반드시 필요하다. 중복되는 단어는 뜻이 같은 다른 단어로 바꿔보고 오탈자는 없는지 마지막까지 꼼꼼하게 체크한다.

글 쓰는 사람이면 누구나 공감하는 명언이 있다. 소설가 어니스트 헤밍웨이의 말이다.

> *"모든 초고는 걸레다."*

완성된 글을 보고 마음을 놓았다가 시간이 지나고 다시 읽어보면 어딘지 모르게 어색하고 이상하다. 분명 쓰고 난 직후에는 만족스러웠는데 말이다. 헤밍웨이의 말대로 글을 쓰고 난 다음에는 반드시 다듬는 과정을 거쳐야 한다. 수정과정을 거치지 않은 글의 특징은 아래와 같다

- 오탈자가 자주 보인다.
- 문맥이 부드럽지 않다.
- 중복되는 단어가 많다.

- 주어나 접속사가 많다.
- 내용을 쉽게 파악하기 어렵다.

카피 역시 다듬는 과정이 필요하다. 카피가 정해졌다고 카피라이터의 역할이 끝난 것이 아니다. 헤드라인 뿐 아니라 바디카피까지 수정하다 보면 소설가들이 퇴고할 때 이런 마음이겠지 싶다. 그만큼 카피의 수정과정도 녹록지 않다. 멋진 카피는 쉽게 나오지 않는다. 애초에 쉬운 길에 대한 미련을 접자.

카피 수정하는 단계

① 반복되는 표현은 뜻이 같은 다른 표현으로 바꾸기 유의어 사전을 적극 활용하기

② 출력 후에 소리 내어 읽어보기

③ 듣기에 매끄럽지 않은 글은 바로 수정하기

반복되는 단어는 피하기

다 쓴 글을 다시 보면 불필요하게 반복된 단어나 문장이 보일 것이다. 반복되는 단어를 찾아 더 좋은 표현으로 바꾸는 과정이 필요하다.

지시어나 접속어를 남발하는 경우도 많다. 지시어나 접속어의 경우, 앞서 실전 훈련법에서 언급한 것처럼 적절하게 사용할 때는 위트 있어 보이지만 남발하면 글의 긴장감을 감소시킨다. 무엇보다 글 자체가 깔끔하게 느껴지지 않는다. 그런데요. 그래서요. 그리고를 남발하

는 사람은 어딘지 모르게 자신감이 없어 보이듯이 말다.

유의어 사전 활용하기

영화 〈8마일〉로 잘 알려진 래퍼 에미넴은 자극적인 가사로 논쟁을 몰고 다니는 아티스트다. 그의 음악을 특별히 좋아하지 않더라도 그가 가사를 잘 쓰기 위해 어떤 노력을 했는지 알면 혀를 내두를 것이다. 에미넴은 어려서부터 불우한 환경에서 자라났다. 집에 들어가면 엄마와 양아버지가 심하게 다투곤 했다. 당연히 공부는 물론이고 학교도 가는 둥 마는 둥 했다. 그런 에미넴이 프리스타일_{사전에 랩을 준비하지 않고 즉흥적으로 랩을 하는 행위}랩의 일인자로 불리는 이유는 평상시 랩 가사를 잘 쓰기 위해 사전 하나를 통째로 외웠기 때문이다. 머릿속에 이미 수만 가지 단어가 쌓여있는 것이다. 걸어 다니는 랩 사전인 셈이다.

에미넴처럼 사전 하나를 다 외울 수 있다면 좋겠지만 현실적으로 어렵다. 두꺼운 국어사전이 부담스럽다면 서점에서 유의어 사전을 사서 가까이 두자. 포털이나 웹사이트의 유의어 사전을 활용해도 좋다. 찾아보고 싶은 단어를 간단히 타이핑만 하면 된다. 비슷한 단어를 많이 알면 문장이 보다 풍성해지고 어휘력도 향상된다.

소리 내어 읽어보기

퇴고를 거치지 않은 글 속엔 오탈자가 숨어있다. 카피라이터 선배들이 카피를 수정할 때 반드시 출력해서 확인하라는 말을 자주 했다.

모니터로 볼 때 발견되는 오탈자보다 출력했을 때 발견되는 오탈자가 30%나 더 많다면서 말이다. 정확한 수치인지는 알 길이 없으나 그만큼 예민하고 꼼꼼하게 보라는 것이다. 실제로 출력해보면 종이에는 틀린 글, 어색한 글들이 더 잘 보인다.

① 출력하기 전에 한 줄에 한 문장씩만 쓴다.
② 카피를 쓴 종이가 3페이지를 넘어가기 전에 출력을 한다.
③ 마음에 들지 않는 글은 빨간 펜으로 그 자리에서 수정한다.
④ 수정한 내용으로 다시 타이핑한다.
⑤ 또 다시 3페이지를 넘기기 전에 출력한다.
⑥ 위의 과정을 반복한다.

3페이지를 넘기지 말라는 이유는 집중력을 유지하기 위해서다. 3페이지 안에서 수정을 반복하는 것을 원칙으로 한다. 지루하지만 만족할만한 결과물을 내기 위해 반드시 필요한 과정이다. '그래도 그동안 쓴 시간이 얼만데. 이 정도는 괜찮겠지'라는 마음으로 간과하는 사람도 있을 것이다. 한 가지 알아야 할 건 본인이 어색하기 느끼는 글은 타인이 들었을 때 두 세 배는 더 불편하게 느낀다는 것이다. 내가 쓴 카피가 아니라 내가 싫어하는 사람이 쓴 카피라고 생각하고 읽자. 어떻게든 단점을 찾아내겠다는 일념으로 글을 읽다 보면 더 잘 보인다.

앞에서 수정한 문장은 소리 내어 읽어본다. 가능하면 내 귀에 들릴

만큼 큰 소리로 읽어야 한다. 읽다 보면 내용을 이해하기 힘든 문장이나 표현이 어색한 문장이 들릴 것이다. 눈으로만 봤을 때는 지나쳤던 문장이 소리로 들었을 때 비문이 된다는 사실에 놀랄 것이다. 읽을 때는 어떤 메시지를 전하고자 하는지, 문장과 문장의 연결이 자연스러운지를 유념해야 한다. 헤밍웨이로 다시 돌아가 보자. "모든 초고는 걸레"라는 그가 뒤에 덧붙인 말이 있다.

"특히 내 글은 더하다. 그래서 초고는 걸레로 나올 것을 잘 알고 있으니 맘 편히 쓴다."

카피를 쓰는 일은 노동이다. 노동은 마음먹기에 따라 고난이 될 수도 있고 즐거움이 될 수도 있다. 헤밍웨이는 《노인과 바다》를 쓸 때 400번을 고쳐 썼다고 한다. 그래서 여전히 명작으로 남아있는 것이다. 글은 쓰기보다 고쳐 쓰기 과정에서 더 좋아진다.

카피 노트, 비밀병기가 되다

카피를 쓰려는 사람은 평상시에 본 것, 들은 것, 읽은 것, 느낀 것들을 부지런히 적어 자기만의 문장을 모아야 한다. 그래야 카피라이터로 일을 해나갈 수 있기 때문이다. 군인이 전쟁을 앞두고 총알을 충분히 확보하는 것처럼 말이다. 내가 만났던 대부분의 카피라이터들은 언제 어디서나 메모할 수 있는 작은 노트를 한 권씩 갖고 다녔다. 그중 기억에 남는 카피라이터 한 분은 사무실에 두꺼운 노트 한두 권, 휴대용으로 작은 크기의 노트 두 권을 가지고 다녔다. 그는 노트마다 고유의 이름을 붙여놓았다. 이를테면 "카피"라고 적힌 노트에는 신문, 방송에서 본 히트카피나 눈에 띄는 카피들이 적혀있다. 광고주로부터 카피를 의뢰받은 뒤 참고할 만한 자료를 검색하면 납기일을 맞출 수 없기 때문이다. 다른 노트에는 "사람"이 적혀있다. 업계에서 일 좀 한다는 사람들의 결과물을 모아놓은 노트라고 한다. 아웃소싱 업체는 물론 경쟁회사의 카피라이터 이름까지 빼곡히 적혀있다고 한다. 여담이지만 같이 일하면 안 되는 사람들의 이름도 있다는 얘기가 있다. 데스노트처럼 말이다. 많은 이들이 사람을 구할 때 이분의 도움을 받았다. 또 다른 노트는 "장비"노트로 촬영장에서 본 카메라나 조명 장비에 대한 정보가 적혀있다. 현장에서 감독이나 스태프에게 촬영 장비에 관해 물어 적은 노트라고 한다. 후에 그가 제작팀의 팀장, 즉 크리에이티브 디렉터^{Creative Director, 총괄책임자, 줄여서 시디라고 부름}가 되어 광고 집행을 할 때 준비되지 않은 사람들보다 훨씬 수월하리라는 건 분명하다.

또 다른 카피라이터 중에도 인상적인 사람이 있었다. 영상제작사에서 프로듀서 경력을 인정받아 대행사로 온 분이었다. 광고 제작은 잘 알지만 마케팅에 대한 이해가 부족하다고 느꼈던 모양이다. 누가 시키지 않아도 미디어 팀이나 광고 기획팀의 문서를 복사하는 일을 도맡았다. 어떤 문서든 두 장씩 복사해 한 장은 상대에게 주고 나머지 한 장은 본인의 서랍에 챙겨두었다. 시간이 지나 책으로 엮어도 될만한 분량이 쌓였고, 아니나 다를까! 한 권의 책으로 탄생했는데, 제목은 〈광고전략모델〉이었다^{물론 실제로 출판된 책이 아닌, 본인의 노하우를 집약하기 위해 만든 책이다.} 복사했던 대부분의 문서들이 광고기획서였다. 책에는 다른 사람들이 낙서한 아이디어들도 함께 있었다고 한다. 복사만 해주었을 뿐인데 다른 사람의 아이디어까지 자기 것으로 만든 셈이다.

사회초년생 시절, 그들의 노트는 최종병기처럼 대단해 보였다. 당시 나는 철없게도 노트의 내용보다 노트의 브랜드 심지어 펜은 무엇을 사야 하나에 몰두해 있었다. 강남 교보문고에 가서 A5 크기의 다이어리를 사고 집에 고이 모셔두었던 워터맨 만년필을 꺼냈다. 워터맨 만년필은 당시 초짜에게 부담스러운 연장이었다. 회의시간에 만년 필을 꺼낼 때면 주변 눈치를 살폈다. 연장은 좋은 반면 실력은 없다고 느꼈기 때문이다. 다음 회사로 옮기고 난 후, 다행히 카피라이터 출신의 팀장님을 만났다. 카피를 잘 쓰기 위해 어떤 노력을 해야 하는지, 광고인으로 오래 혹은 멋지게 일하기 위해서는 무엇을 포기해야하는지 하나부터 열까지 세세하게 알려주셨다. 아무래도 카피라이터 출신의 크리에이티브 디렉터들이 카피에 대해 친절하게 알려주는 편이다. 당연히 카피라이터들은 더 좋아할 수밖에 없다. 다음 회사로 옮기기 전, 죄송하다는 말 대신 앞으로 멋진 카피라이터가 되겠다는 말로 인사를 대신했다. 팀장님은 픽, 하고 웃으셨다. 고견을 듣고 싶다고 말하자 툭 던지신 말.

"모든 초고는 쓰레기야. 좋아질 때까지 계속 써야 해. 적어야 사는 거야. 적자생존, 알지?"

일본에서는 졸업식 때 제자들이 스승에게 만년필을 선물한다는 말과 함께 서랍에서 워터맨을 꺼내 살며시 내밀었다. 팀장님은 처음에는 왜 이러냐며 거절하시다 결국 받으셨다.

"적자생존"이란 말은 서릿발처럼 차갑게 들리지만 나는 그 과정이 즐거웠고 지금도 즐겁다. 캠페인에 들어갈 카피를 밤새 고민하고 쓰고 또 썼던 기억이 난다. 몇 백 문장을 쓰면 컨펌받는 건 몇 개에 불과했다. 뽑힌 문장을 기준으로 다시 몇 백 개 문장을 만드는 일을 반복했다. 끝내 빛을 보지 못했던 내 문장들은 노트에 쌓이고 또 쌓여 나만의 비밀 병기가 되었다. 어떤 프로젝트가 몰려와도 이 비밀노트에서 실마리를 찾을 수 있었다. 카피를 잘 쓰고 싶다면 우선 당신의 노트가 가득 차 있어야 한다. 스티브 킹은 "글쓰기는 집을 짓는 것과 같으며 좋은 집을 짓기 위해서는 연장통을 잘 갖춰야 한다."고 말했다. 당신에게 자신의 집을 짓기 위한 연장통은 무엇인가?

알아두면 쓸데 있는
카피 자료 사이트

TVCF: www.tvcf.co.kr

국내에서 온에어 되는 TV CF는 물론이고 인쇄 광고, 잡지 광고, 라디오 광고까지 볼 수 있다. 광고업계 취업을 원한다면 구인 광고란을 통해 일할 기회를 얻을 수 있다.

베이시스넷: www.basis.net

종합광고대행사나 대기업 마케팅 쪽에서 주로 사용하는 사이트로 해외 광고를 집중적으로 보고 싶을 때 주로 이용한다. 국내에서 보기 힘든 해외 광고를 마음껏 볼 수 있다. 다만 회사에서 따로 계약을 해야 하며 비용이 발생한다.

아딤의 카피이야기: www.adim21.co.kr

매달 온에어 되는 광고의 헤드라인 광고, 바디카피를 모아놓은 개인 사이트다. 카피가 써지지 않을 때 카피라이터들이 도움을 많이 받곤 한다.

브랜드OK: www.brandok.co.kr

기업 슬로건, 정치 슬로건의 데이터 정리가 잘 되어있다.

Thesaurus: www.thesaurus.com

영문 유의어 사전 웹사이트로 영문 카피를 쓸 때 유용하다.

!

처음부터 멋진 문장을 쓰기란 글 쓰는 일을 업으로 삼은 사람에게
도 어려운 일이다. 이들도 상황에 따라선 다른 사람의 문장을 적극
적으로 빌리기도 한다. 패러디 혹은 오마주라는 이름으로 말이다.
대입하기 훈련은 타인의 명문장을 빌려 내 것으로 만들어보는 훈
련이다. 멋진 문장을 최대한 많이 보자. 그리고 이를 응용해 나만의
문장으로 만들어보자.

남의 문장을 재가공하기

천재 화가로 알려진 피카소. 입체파라는 독특한 화풍을 선보인 그가
시대의 크리에이터라는 걸 부인할 사람은 없을 것이다. 하지만 화풍
을 창조하는 과정까지 크리에이티브했는지는 생각해볼 필요가 있
다. 당대 피카소와 함께 그림을 그리던 화가들의 하소연을 들어보면

피카소가 얼마나 그림에 대한 열정이 강했는지 가늠할 수 있다. 피카소가 산책이라도 나오는 날엔 길거리의 모든 화가들이 자신의 그림을 숨겼다고 한다. 이유인즉, 피카소가 자신들의 화풍을 훔친다는 것이다. 피카소도 할 말이 있다. 자신은 베낀 것이 아니라 상대의 것을 자신의 방식으로 새롭게 창조했다는 것이다. "평범한 예술가는 베끼지만 위대한 예술가는 훔친다." 자신은 위대한 예술가이기에 다른 작가의 화풍을 당당하게 훔쳤다고 말한다. 그럼에도 그만의 독특한 화풍은 온전히 피카소의 것이다.

김난도 교수의 《아프니까 청춘이다》는 지금도 꾸준히 읽히는 스테디셀러. 청춘들의 고단함을 위로해주기 위해 지은 제목인데 정호승 시인의 《외로우니까 사람이다》에 실린 "수선화에게"에서 발전한 글이다. 김난도 교수가 의도했든 하지 않았든 우리는 보고 듣고 읽은 것에서 아웃풋이 나온다.

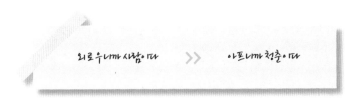

문장을 모으는 걸로 그쳐서는 의미가 없다. 온전히 내 것으로 만들기 위해서는 모아놓은 문장에 계속 단어를 대입해보는 것이 좋다. '대입하기'는 새로운 언어를 익힐 때 많이 써 왔던 방법이다. 정호승 시인의 "외로우니까 사람이다"를 가지고 계속 단어만 바꿔보자. 쉽게 말하면 패러디를 하는 것이다. 반드시 문학적으로 훌륭한 글이 아니어도 좋다. 뉴스, 예능, 영화에 나오는 인상적인 문장을 적어두었다가 패러디를 해보자.

외로우니까 사람이다 >> 아프니까 청춘이다 >>
그리우니까 사랑이다 >> 웃기니까 정치인이다 >>
취직하니까 여자다

이렇게 다른 사람의 글을 가공해서 내 것으로 만드는 과정을 오마주 혹은 패러디라고 한다.

오마주(Hommage)

프랑스어로 존경. 경의를 뜻하는 말이다. 영화에서 보통 후배 영화인이 선배 영화인의 업적을 기리기 위해 그의 영화 속 주요장면이나 대사를 인용하는 것을 말한다.

패러디(Parody)

특정 작품의 소재나 작가의 문체를 흉내 내어 익살스럽게 표현하는 기법이다.

명사의 글을 오마주 해 히트한 광고 카피가 있다. 바로 '단언컨대'로 유명해진 팬택의 베가 No. 6 광고다. 첫 번째 광고의 카피는 헬렌 캘러의 명언 〈사흘만 세상을 볼 수 있다면〉의 마지막 문장을 그대로 사용했다

> **헬렌켈러 "사흘만 세상을 볼 수 있다면"**
>
> 사흘만 세상을 볼 수 있다면,
> 첫째 날은 사랑하는 이의 얼굴을 보겠다.
> 둘째 날은 밤이 아침으로 변하는 기적을 보리라.
> 셋째 날은 사람들이 오가는 평범한 거리를 보고 싶다.
> 단언컨대, 본다는 것은 가장 큰 축복이다.
>
> **팬택 베가의 카피**
>
> "단언컨대, 본다는 것은 가장 큰 축복이다."

두 번째 팬택 광고의 카피는 한 걸음 더 나아간 카피를 선보였다. 베가의 메탈 디자인을 부각하기 위한 카피다.

"단언컨대 메탈은 가장 완벽한 물질입니다."

그러자 팔도 왕뚜껑에서 코미디언 김준현을 모델로 패러디 광고를 만들었다. 왕뚜껑의 패러디광고는 짧은 시간에 유명세를 타게 된다. 키카피는 메탈을 뚜껑으로 바꾼 패러디 카피였다.

"단언컨대 뚜껑은 가장 완벽한 물체입니다."

이후 각종 드라마와 예능, 웹툰. 개인 유튜브 영상에서 이 카피는 계속 재생산되었다. 해외 카피 중에도 패러디 카피들을 쉽게 찾아볼 수 있다. 세계적인 스포츠 브랜드, 나이키만큼 슬로건이 자주 거론되는 기업도 없을 것이다.

"Just do it. 저스트 두 잇" 망설이지 말고, 고민하지 말고 그냥 해보라고 담담하게 말하는 이 슬로건은 나이키의 도전정신을 그대로 보여주고 있다. 이렇게 과감한 형식의 슬로건은 어떻게 만들어졌을까?

당시 나이키는 아디다스의 아성을 넘을만한 광고를 기획하고 있었다. 능력 있는 광고제작자를 찾던 나이키는 광고대행사 위든 앤 케네디Wieden&Kennedy, 댄 위든과 데이빗 케네디가 만든 광고 회사를 만나게 된다. 위든 앤 케네디는 평범한 슬로건으로는 대중의 관심을 끌 수 없다고 판단했다. 이들은 슬로건을 고민하던 중 희대의 살인마 게리 길모어Gary Gilmore의 일화를 알게 된다. 살인마 길모어는 사형선고를 앞두고 하고 싶은 말이 있으면 하라는 집행관의 말에 "Let's do it"이라고 짧게 답한다. 위든 앤 케네디는 그의 대답에서 강렬한 인상을 받았다. "Let's"를 "Just"로 바꿔 나이키 측에 전달했고 오늘날의 전설적인 슬로건 "Just do it."이 탄생했다. 이후 위든 앤 케네디는 나이키의 광고를 지속적으로 수주했음은 물론 P&G, 코카콜라, 혼다, 리바이스, ESPN의 광고를 따낸다. 타인의 말이나 글에서 얼마나 많은 실마리를 얻을 수 있는지 보여주는 좋은 사례다.

명사들의 문장을 디딤돌 삼아 자기 방식으로 새로운 문장을 만들어 보자. 카피에 적용할 수 있는 문장들이 늘어날수록 카피 쓰기는 한결 더 쉬워질 것이다.

!

연결하기 단계는 낯선 요소를 연결해 새로운 문장을 만들기 위한
단계다. 우리의 뇌는 익숙한 것만 받아들이고 내보내는 습성이 있
다. 사람마다 사용하는 단어가 한정적인 것도 이와 같은 이유 때문
이다. 우리가 평상시 가용할 수 있는 언어의 폭을 넓히기 위해서는
익숙하게 생각하던 습성을 버리고 전혀 상관없는 요소들을 연결하
는 연습이 필요하다. 낯선 것들이 충돌할 때 새로운 것이 나온다.
그래야 풍성하고 자유로운 카피가 나온다.

낯선 것들이 만날 때 새로움이 나온다

광고가 넘쳐나는 세상이다. 수많은 광고 카피 속에서 눈에 띄려면 참
신한 어필이 필요하다. 참신함이란 '의외성'에서 나온다. 의외성은
익숙한 틀을 벗어나야 나오는 것이다. 우리 뇌는 익숙한 문장에는 반
응하지 않는다. 상투적인 문구나 누구나 말할 수 있는 약속을 카피로

쓰면 대부분의 사람들은 관심을 갖지 않는다. 이미 문장 형식에 대해 내성이 생긴 탓이다. 카피를 보고 새로운 해석을 위해 에너지를 쏟을 필요가 없기 때문이다. 하지만 새로운 문장은 보는 사람으로 하여금 호기심을 불러일으킨다. 카피를 쓰는 사람은 이전과 다른 표현 방법을 찾아야 한다. 새로운 표현 방식은 전혀 다른 요소들이 충돌할 때 일어난다.

《일본의 제일부자, 손정의》에 소개된 청년 손정의의 '전자사전' 발명 스토리는 연결하기 훈련의 대표적인 사례다. 젊은 날의 손정의는 하루에 하나씩 발명을 하자고 자신에게 약속한다. 우선 메모지를 준비해 생각나는 대로 아무 단어나 쓰기 시작한다. 커다란 박스에 메모지를 넣고 하루에 두 장씩 뽑는다. 뽑은 두 개의 단어를 합쳐 새로운 발명품을 기획한다. 말이 쉽지 하루에 한 개씩 발명한다는 게 쉬운 일은 아니다. 그렇게 만들어진 수많은 발명품 중 하나가 전자사전이다. 이 전자사전은 나중에 샤프라는 기업이 로열티를 사면서 우리에게도 익숙한 샤프전자사전이 만들어지게 된다. 이렇게 사소한 습관이 엄청난 변화를 몰고 올 수도 있다. 다행스럽게도 우리는 시제품을 만들 필요도 없이 종이 위에 글을 쓰기만 하면 된다. 손정의의 방법을 응용해 새로운 문장을 발명해보자.

낯선 단어끼리 이어보기

가장 손쉬운 방법은 포스트잇을 활용하는 것이다. 포스트잇 한 장에 한 단어씩 적어본다. 각 단어끼리는 아무런 연관성이 없어도 무관하다. 일종의 단어장을 만들어보는 것이다. 포스트잇에 쓴 단어들을 "A는 B다"라는 서술형 문장에 무작위로 대입해보자. 여기서 A와 B는 연관성이 적을수록 좋다. 그다음에는 이 문장에 대한 이유, 근거를 만들어본다.

포스트잇 활용한 문장 만들기

① 포스트잇에 무작위로 단어를 적어본다.
② 연관성이 가까운 순서대로 나열해본다.
③ 가장 멀리 있는 두 단어를 연결해 새로운 문장을 만든다.
④ 만들어진 문장에 대한 근거를 적어본다.

예를 들어 "엄마"와 "숨쉬기"라는 두 단어를 연결해본다. "A(엄마)는 B(숨)이다"라는 다소 이상한 말이 된다. 그다음 할 일은 이 문장에 대한 근거를 만드는 것이다.

- 근거 1: 숨을 못 쉬면 살 수 없듯, 엄마가 없으면 가족이 살 수 없다.
- 근거 2: 들숨 날숨처럼 기분이 왔다 갔다 한다.
- 근거 3: 엄마가 숨을 돌려야 우리도 산다.

실제 광고에서 위와 같은 방식으로 문장이나 단어 만들기를 많이 시도한다.

펜은 칼보다 강하다 (파커)

즐거움에는 힘이 있다 (CJ)

여자의 변신은 무죄 (금강 르노와르)

봄은 빨갛다 (신세계 백화점)

재미있는 쇼핑리조트 (신세계 백화점)

부엌의 퍼스트 클래스 (에넥스)

옷차림도 전략입니다 (트루젠)

새로운 단어를 만들어 기업 이미지 제고에 성공한 사례도 있다. 꽤 오랜 시간이 지나긴 했지만 사람들이 기억하는 카피 중 하나가 대우전자의 탱크주의다. 지금은 백색가전이 브랜드가 중요해졌지만 당시에는 품질이 튼튼하다는 걸 어떻게든 알릴 필요가 있었다. 튼튼해서 믿을 수 있다는 메시지를 다른 기업과 차별화하여 전달할 방법을 찾아야 했다. 그렇게 탄생한 워딩이 "탱크"였다. 탱크와 주의ism를 연결해 "탱크주의"라는 전에 없던 카피를 만들었다. 말 그대로 탱크처럼 튼튼하게 만들겠다는 대우전자의 사상^{목표}을 그대로 담은 것이다. 신뢰도를 높이기 위해 실제 근무하는 직원이나 임원들이 등장해 직접 멘트를 하기도 했다. 대우전자는 '탱크주의'란 단어 하나로 튼튼한 백색가전의 상징이 되었다.

탱크+주의(ism) = 탱크주의
근거: 탱크처럼 튼튼한 제품을 만들고자 하는 사명을 가진 기업

이외에도 단어의 조합을 활용한 다양한 카피들이 탄생했다.

단어의 조합을 활용하여 만든 카피
발효+과학 = 발효과학 딤채
주부+자유+공화국 = 주부 자유공화국 이논
두뇌+식량 = 두뇌 식량 레고듀플로
First+21세기 = First 21 한라공조
나+브랜드+발전소 = 나의 브랜드 발전소 덕성여대
새로운+생각+발견자 = 새로운 생각의 발견자 광고대행사 컴온21

단어 만들기를 가장 잘하는 이들이 10대~20대 청소년들이다. 이들이 만들어내는 신조어 중 합성어는 처음엔 고개를 갸웃거릴 만큼 생소하게 들린다. 하지만 뜻을 알고 나면 그 참신함에 감탄하게 된다.

있어블리티

있어 보임+ability = 뭐든 있어 보이게 하는 능력

과즙상

과즙+얼굴 인상 = 과일처럼 생기 있는 얼굴/메이크업 상태

상사병

상사+질병 = 직장 상사로 인해 생기는 병

샐러던트

샐러리맨+스튜던트 = 직장에 다니며 자기계발에 열심인 사람들

홀로족

홀로+욜로 = 사람들과의 관계에 얽매이지 않고 자기만의 인생을
즐기는 사람들

이들이 새로운 단어 연결하기를 잘하는 이유는 놀이로 접근하기 때문이다. 연결하는 훈련 과정은 부담이 없어야 한다. 말장난 하며 '논다'는 마음을 갖자.

"세렌디피티Serendipity"라는 말이 있다. 우연한 발견에서 오는 즐거움이란 뜻이다. 전혀 연관성 없는 것들을 이어보자. 새로운 표현을 두려워하지 말자. 의도하지 않았던 만남, 생소한 것과의 충돌에서 오는 낯선 결과물을 즐겨보자. 굳게 닫혔던 프로젝트를 여는 열쇠가 될 수 있다.

접속어 연결하기

우리말에는 명사, 대명사, 수사, 동사, 형용사, 관형사, 부사, 감탄사, 조사 이렇게 9가지의 품사가 존재한다. 외국어를 배울 때는 품사 활용에 대해 예민하게 생각했을 것이다. 하지만 모국어를 쓸 때는 습관 때문에 특별히 유념해서 쓰지 않는다. 품사를 잘 알고 활용하면 문장에 드라마틱한 감정을 더할 수 있다. 접속어는 단어와 단어 구절과 구절, 문장과 문장을 이어주는 연결고리다. 아마도 광고 카피라이터들이 가장 많이 쓰는 품사일 것이다. 접속어는 역할에 따라 7종류로 나눌 수 있다.

우리말 접속어 7가지

인과관계 접속어
그래서, 마침내, 따라서, 그렇다면, 그리하여 > 원인/결과를 나타낸다.

순접관계 접속어
그리고, 그러면 > 앞글에 부합하는 내용을 이어준다.

역접관계 접속어
그러나, 다만, 그래도 > 앞글의 내용을 부정할 때 쓴다.

대등관계 접속어
곧, 즉, 또한, 또는, 혹은 > 앞과 뒤의 대등관계를 보여준다.

전환관계 접속어
그러면, 한편, 그런데 > 화제를 바꿀 때 쓴다.

예시, 비교 관계 접속어
예컨대, 이를테면 > 사례나 비유를 들 때 쓴다.

설명, 보충 관계 접속어
곧, 말하자면, 요컨대, 결국 > 앞의 내용을 첨가, 요약, 강조할 때 쓴다.

접속어를 활용한 훈련법

① 나만의 접속어사전을 만든다(단지, 다만, 차라리, 그런데, 이미, 단 언컨대, 사실, 다시, 오직, 말하자면, 미리, 어쩌다, 그리고, 그러나, 결국, 마침내 등).

② 본인이 생각한 문장에 접속어를 붙여본다.

같은 문장이라도 접속어를 어떻게 붙이는지에 따라 완전히 뜻이 달라진다. 보통 글쓰기에 대한 조언 중에 접속어를 남용하지 말라는 말이 많다. 하지만 카피의 경우는 조금 다르다. 카피는 정답 같은 문장보다 개성 있는 문장이 더 유리하다.

전략적으로, 적절히 사용한 접속어는 문장의 맛을 더한다. 긴장감 있는 스토리가 더해진다. 접속어를 사용한 광고 카피 사례는 어렵지 않게 찾아볼 수 있다.

지금, 떠오르는 동양 빛 (크리스찬 오자르)

이제, 옷이 아니라 옷차림을 사십시오 (트래드 클럽)

이제, 씨하고 웃자 (씨)

이제, 목으로 느낀다 (OB 아이스)

지금, 압도적인 차이를 확인하세요 (쉐보레)

결코 정의할 수 없는, 그녀들을 위한 스니커즈 (아디다스 오리지널스)

결국, 이기는 사람들의 비밀 (책 제목)

다시, 첫사랑 (드라마 제목)

진실 혹은 거짓 (프로그램 제목)

요리사, 도둑, 그의 아내 그리고 그녀의 정부 (영화 제목)

광고 외의 분야에서 접속어로 히트 한 사례도 있다. 〈그것이 알고 싶다〉의 "그런데 말입니다"라는 멘트다. MC 김상중이 다른 카메라를 보며 "그런데 말입니다"를 외칠 때마다 시청률이 오른다. 시청자들은 그 멘트가 나온 뒤 사건의 또 다른 반전이 펼쳐지리란 걸 알기 때문이다. 접속어가 주는 긴장감을 가장 잘 표현한 사례가 아닐까.

카피라이터의
조언

좋은 글은 습관이 만든다

전업 작가들의 일상엔 특별한 의식이 있다. 완성도 높은 글을 꾸준히 쓰기 위함인데 알고 보면 지극히 평범하다.

《유혹하는 글쓰기》의 저자이자 소설가인, 스티븐 킹은 매일 아침 같은 의자에 앉았고 물 또는 차 한 잔을 앞에 두었으며 비타민 한 알을 꼭 먹었다. 그는 이것이 자신만의 꿈꾸는 방법(영감을 얻기 위한 방법)이라고 했다. 카프카는 아무리 시간이 남아도 밤 11시 이전에는 절대 글을 쓰지 않았다고 한다. 대표적인 야행성 인간인 셈이다. 반면 무라카미 하루키는 소설을 쓸 때 새벽 4시에 일어나서 5시부터 6시까지 글을 쓴다. 오후에는 10Km 정도 뛰거나 1,500m 정도 수영을 한다고 한다. 한마디로 철인이다.

비타민을 먹든 마라톤을 하든 글로 일가를 이룬 사람들은 모두 자신만의 방법으로 일상을 관리한다. 이 모든 것이 글을 잘 쓰기 위함이다. 카피를 잘 쓰고 싶다면 일상을 관리해야 한다. 잘 다듬어진 명문장은 일상의 습관에서 나온다. 글을 쓰기 전에 세 가지를 관리할 수 있다면 같은 시간을 투자하더라도 보다 양질의 문장을 얻을 수 있을 것이다.

당신의 건강을 관리하라

카피를 쓰는 일은 뙤약볕을 온몸으로 받으며 걸어야 하는 행군과도 같다. 카피 한 줄이라는 목적지에 다다를 때까지 멈춰서도, 쓰러져서도 안 된다. 글 쓰는 사람들은 대부분 야근을 밥 먹듯이 한다. 당연히 체력이 고갈될 수밖에 없다. 체력이 바닥일 때는 무조건 쉬어라. 잠을 자라. 숙면을 위해 커피와 술을 멀리하는 것도 방법이다. 라이프사이클을 건강하게 만들고 싶다면 술과 커피는 자제하는 편이 좋다. 직장인 10명 중 9명이 주중에 한 잔 이상, 6명 중 1명 이상이 하루 석 잔 이상의 커피를 마신다고 한다 엠브레_{인리서치}. 이는 카페인 과다 섭취로 이어져 잠을 설치게 만든다. 깊은 잠을 자지 못한 머리에서 만족스러운 글이 나올 순 없다. 글을 쓰는 일은 오랜 수고가 드는 일이다. 특별한 자기 관리 없이는 멀리 갈 수 없다.

당신의 마음을 관리하라

글은 기분이 좋아야 잘 써진다. 글 쓰는 사람은 항상 좋은 기분 상태를 유지하도록 노력할 필요가 있다. 마음이 즐거울 때 어휘가 풍부해지고 단어도 다양해지고 표현도 매끄럽다. 무엇보다 쓸 수 있는 글의 양이 압도적으로 많아진다. 기분 전환을 위해 카피를 쓰기 전에 음악을 듣는 것도 방법이다. 감성적인 기업 홍보 카피를 쓸 땐 클래식을, 캐주얼한 음료 카피를 쓸 때는 아이돌 음악을 듣는다. 당신이 가장 좋아하는 걸 찾아서 글쓰기 전에 행해보라. 우리 뇌에 글 쓰는 일은 기쁜 일이라는 암시를 주자.

카피를 쓸 때는 챙겨야 할 사안이 너무 많다. 광고주의 요구, 기획팀의 전략, 소비자의 인사이트까지. 실제로 어떤 생각에 지나치게 빠지다 보면 우리 뇌는 아드레날린의 영향으로 각성상태가 된다. 그래서 머릿속이 복잡할 때는 집중력이 떨어지고 암기력도 약해진다고 한다. 이럴 땐 일에서 잠시 빠져나와야 한다. 앞서 예를 들었던 작가들처럼 산책을 하거나 청소를 한다든지 전혀 다른 일에 집중하는 것도 좋다. 누구의 방해도 받지 않을 조용한 장소에서 명상을 해보는 것도 좋다. 때때로 머리를 비워 정신을 맑게 하려는 노력이 필요하다.

> 좋은 글은 몸이 가벼워야,
> 마음이 벅차올라야,
> 머리가 맑아야 나온다.
> 몸과 마음, 머리를 잘 관리하는 것이 능력이다.

광고 회사에서 사랑받는 애티튜드

광고대행사에서는 하루 이틀 걸러 한 번씩 아이디어들을 펼쳐놓고 회의를 한다. 이를 리뷰를 한다고 하는데 사장님과 임원이 참석하는 사내리뷰가 있고 팀장의 주도하에 팀원들과 함께 하는 팀 리뷰가 있다. 팀 리뷰의 경우, 심할 때에는 서너 시간에 한번 회의를 한다.

각자 자신이 낸 아이디어나 카피 문구 카피라이터가 아닌 사람들도 카피 아이디어를 내는 경우가 많다를 펼쳐놓고 비슷한 내용끼리 그룹핑을 한 다음 돌아가면서 서로의 아이디어를 평가한다. 리뷰는 광고 회사에서 가장 중요한 미팅인 동시에 가장 짜증 나는 시간이다. 여러 아이디어를 보느라 체력도 금방 소진된다는 점도 있지만 자신이 짠 아이디어에 대해 동료들로부터 신랄하고 악랄한 비판이 오갈 때가 많기 때문이다. 물론 칭찬받을 때도 있지만 확률로 따지면 95대 5정도나 될까? 비판이 95, 칭찬이 5다.

리뷰 때 어떤 애티튜드를 취하느냐에 따라 동료나 상사들에게 미움을 받을 수도 사랑을 받을 수도 있다. 사실 광고 회사에서 사랑받는 사람들은 정해져 있다. 어떻게 해야 광고 회사 안에서 좋은 인상을 남길 수 있을까.

좋은 아이디어만큼 좋은 태도도 중요하다

엣지있는 아이디어는 좋다. 하지만 엣지있는 성깔은 별로다. 자신의 아이디어가 다른 사람들에게 평가될 때 자기가 듣기 싫은 말을 듣는 경우가 더 많다. 그럴 때 얼굴은 붉힌다든지 심지어 언성을 높이는 건 좋은 회의 문화를 만들지 못한다. 웃는 얼굴로 피드백을 겸허히 받아들이자. 동료가 비판한 아이디어가 광고주나 소비자에게 환영 받을 가능성은 그리 높지 않다. 동료의 비판을 겸허히 인정하자.

리뷰 내용들을 다음 회의에 반영하자

아이디어에 대한 피드백이 나왔다면, 적극적으로 수용하자. 그리고 다음 리뷰 때 수정한 아이디어를 보여주자. 그러면 상대가 자기 얘기를 받아들인 것에 대해 고마워할 것이다. 그 이후로는 피드백을 주고받기가 한결 수월할 것이다.

못 팔 아이디어는 버려라. 버릴 수 없다면 팔리게 만들어라

자신의 아이디어가 부족하다고 느껴진다면 리뷰 시간에 내놓기보다 과감히 빼는 쪽을 선택한다. 자신 있다면 보강해서 더 매력적으로 만들어야 한다. 같은 회사 동료들로부터 사랑을 받는 방법은 특별한 능력이 필요한 게 아니다. 좋은 태도가 능력을 이기는 경우도 많다. 긍정적인 태도가 당신의 능력을 더욱 돋보이게 만들어줄 것이다.

프레젠테이션 능력은 기본이다

카피가 세상에 나오려면 광고주의 선택을 받아야 한다. 선택받는 가장 확실한 방법은 프레젠테이션에서 좋은 피드백을 받는 것이다. 카피를 잘 써놓고도 설득에 실패해서 선택받을 수 없다면 얼마나 손해인가. 재미있는 사실은 카피를 잘 쓰는 사람, 못 쓰는 사람이 있는 것처럼 프레젠테이션은 잘하는 사람과 그렇지 않은 사람이 있다는 것이다. 잘 하는 사람에게 프레젠테이션은 기회가 되지만 그렇지 않은 사람에겐 시험대가 된다.

미흡한 프레젠테이션으로 사람들 앞에서 창피당하는 경험은 누구나 한 번쯤 겪었을 것이다. 중요한 건 그 이후에 어떤 자세를 취할 것인가이다.

광고업계에서 프레젠테이션을 잘하기로 유명한 사람이 Lee & DDB의 이용찬 전 대표다. 이 분이 유명해진 건 SKT에서 했던 독특한 프레젠테이션 때문이다. 당시 SKT를 비롯해 대부분의 TV 광고들은 제품 정보가 너무나 많이 담겨있었다. 많은 돈을 들여 집행하는 광고주 입장에서는 어쩌면 당연한 일이다. 하지만 광고 메시지는 간결해야 한다는 철학을 갖고 있었던 이 대표는 어떻게 하면 자신의 의견을 잘 설득할 수 있을까 궁리하다가 묘안을 생각해냈다. 이것이 훗날 많은 이들에게 회자 되는 전설의 프레젠테이션이 되었는데 그 묘책이란 바로 테니스공이었다. 뜬금없이 테니스공? 황당하게 들릴 수 있겠지만 그의 행동은 더 기발했다. SKT의 대회의실에서 갑자기 테니스공들을 이리저리 던지며 청중들에게 공을 잡아보라고 한 것이다. 회의실에는 테니스공을 잡으려는 사람들과 미처 잡히지 않은 공들로 난리가 났다. 상황이 어느 정도 정리되자 이 대표는 자신의 의도를 설명했다.

"이렇게 여러 개의 테니스공도 못 잡는데 30초 안에 보여지는 여러 메시지들을 소비자는 캐치할 수 없습니다. 단 하나의 강력한 메시지를 전달해야 합니다."

그렇게 태어난 광고가 SKT의 "중요한 순간엔 잠시 꺼두셔도 좋습니다." 캠페인이다. 그 날로 이용찬 전 대표는 광고업계에서 프레젠테이션의 신으로 불리게 되었다. 위의 일화를 보면 프레젠테이션을 잘하기 위해 3가지 포인트가 중요하다는 걸 알 수 있다.

프레젠테이션은 퍼포먼스다

이용찬 전 대표를 비롯해, 스티브 잡스, 버락 오바마처럼 프레젠테이션을 잘하는 사람들은 말이 아닌 온몸으로 상대를 설득한다. 회의실에 테니스공이 튀어 오르는 액션은 사람들의 이목을 집중시킨다. 공연장 위에 선 싱어처럼 회의실을 콘서트장처럼 활용한 것이다.

프레젠테이션은 자신감이다

버락 오바마 전 대통령은 스피치를 시작하기 전에 청중들에게 활짝 웃는 미소를 보여준다. 사람들이 그를 매력적이라고 느끼는 이유다. 활짝 웃는 대통령의 모습에 사람들은 삽시간에 무장 해제된다. 토크쇼의 여왕인 오프라 윈프리 또한 게스트와 이야기할 때 자신의 손바닥을 상대에게 펼쳐 보여준다. 상대방에게 마음이 열려있음을 보여주는 제스처다. 활짝 웃어 보이거나 손바닥을 내보이는 몸짓은 자신감에서 나온다. '나는 외향적인 성향이 아닌데 어떡하지?' 라는 고민을 하는 사람도 있을 것이다. 사실 프레젠테이션의 성공 여부에서 발표자의 성격은 그리 중요치 않다.

조용한 사람도 자신감이 있으면 발표하는 동안 상대에게 고스란히 그 힘이 전해진다. 나지막하지만 자신감 있는 프레젠테이션으로 성공한 사례도 있다. 단상에 오른 얌전한 중년 여성이 있다. 청중들은 그녀에게 집중하지 않고 책상 위의 자료를 뒤적인다. 그녀는 프레젠테이션을 할 기회를 준 청중들에게 감사의 표시를 한다. 짧은 오프닝을 끝낸 그녀는 파워포인트 앞장에 자신의 명함을 넣었다. "최인아. 제일기획 부사장" 당시 뉴스에 삼성에서 여성으로는 최초로 임원이 된 스타의 명함이었다. 신문을 보는 사람이라면 누구나 아는 이름이었다. 발표자가 당당하면 청중은 안심을 한다. 편안하게 처음부터 끝까지 집중할 수 있는 마음의 여유가 생긴다. 사실 모든 자신감에는 근거가 있다.

프레젠테이션은 연습이다

발표자에게 필요한 건 연습, 연습, 또 연습이다. 프레젠테이션은 방송으로 치면 생방송과 같다. 녹화 방송에서 실수가 나오면 다시 한 번 해볼 수 있지만 생방송은 불가능하다. 가수들도 노래 한 곡을 무대 위에서 부르기 위해 7년 이상의 연습생 기간을 거쳐 무대에 오른다. 하물며 비즈니스 프레젠테이션을 연습하는데 우리는 얼마나 많은 시간을 할애하고 있을까?

앞서 이야기한 퍼포먼스, 자신감, 연습은 상호보완적이다. 프레젠테이션을 잘하는 사람은 많은 연습을 통해 자신감을 얻는다. 자신감이 커지면 그만큼 퍼포먼스도 훌륭해지기 때문에 새로운 기회를 잡을 가능성도 높아진다. 반대로 연습이 부족한 사람은 자신감도, 퍼포먼스도 떨어지는 악순환에 빠진다. 앞서 세 가지를 유념하며 프레젠테이션을 준비한다면 자신이 쓴 카피가 다른 사람들에게 전해질 수 있는 기회를 더 많이 갖게 될 것이다.

발표가 끝나면 10분 정도 질의응답 시간이 있다. 의외로 여기서 당락이 결정되는 경우가 많다. 발표장에 있는 모든 사람이 발표자에게 호의적인 건 아니다. 발표자를 곤혹스럽게 만들어 자신을 어필하려는 사람도 있고 발표했던 내용을 되묻는 황당한 경우도 있다. 이럴 때 당황하지 않고 아래 내용을 실천해보자. 마지막까지 좋은 인상을 줄 수 있을 것이다.

① 질문한 사람과 아이컨텍을 할 것
② 호의적인 태도를 유지하되 질문내용에 대한 답은 정확히 전달할 것
③ 악의적인 질문을 하는 사람에겐 역으로 질문할 것
④ 질문에 대한 답을 할 수 없을 때는 알아보고 따로 답변을 전달하겠다고 할 것
⑤ 질문한 사람과 맞서는 분위기를 조성하거나 언성을 높이지 않을 것

심장에서 나온 말은

심장으로 들어간다

– 유대인 속담

카피, 잘 쓰는 사람이 이긴다

TRUE WELL TOLD 잘 말해진 진실

미국의 유명 광고대행사 맥켄McCann을 소개하는 카피다. 잘 말해진 진실. 이 문장 안에 맥켄이 추구하는 업의 본질이 녹아있다. 광고란 과장 없이 정확한 진실을 전하는 일. 맥켄은 그 일이 본인들의 역할이라 생각했다. 오랜 시간 미국인들에게 이 카피가 명카피로 인정받는 이유는 바로 이러한 그들의 철학이 읽히기 때문이다. 진정성, 겸손함, 그리고 스마트함이 담긴 카피다.

맥켄의 포트폴리오는 그들의 광고주가 말해준다. 나이키, 코카콜라, 로얄 코펜하겐 등 세계적으로 유명한 기업들이 맥켄을 통해 자신들의 광고를 만들었다. 이렇게 쟁쟁한 클라이언트를 불러 모은 건 다름 아닌 그들의 카피, 잘 말해진 진실이다.

우리나라에도 대표적으로 배달의 민족 같은 기업들이 좋은 카피의 명맥을 이어가고 있다. 이들이 만든 광고나 굿즈의 카피를 보면 여러 기업으로부터 어마어마한 투자금을 받는 이유를 알 수 있을 것이다. 이들은 마케터를 뽑을 때도 카피라이팅 능력을 본다.

카피라이팅은 기업 뿐 아니라 개인의 삶도 변화시킨다. 카피를 잘 쓰는 동료나 선배들이 더 좋은 조건으로 스카우트제의를 받는 걸 지켜본 나로서는 자신 있게 이야기할 수 있다.

카피를 잘 쓴다는 것은 당신의 글이 좋아지는 것 이상의 의미가 있다. 훌륭한 카피는 시장을 키우고 기업을 키운다. 그리고 사람을 키운다.

훌륭한 카피는 당신의 스펙이다. 학력이나 인맥보다 더 강력한 힘을 발휘할 것이다. 앞으로는 카피를 잘 쓰는 사람이 이긴다.

또 하나의 가족

자유롭게, 남다르게

— 삼성전자㈜

언제 어디서나, SK 에너지

— SK에너지㈜

New Thinking, New Possibilities

— 현대자동차㈜

Think Green, Triple Sales

— 한국전력공사

소리 없이 세상을 움직입니다.

—㈜포스코

Life's Good

— LG전자㈜

좋은 에너지, 더 좋은 세상

— 한국가스공사

믿음 가득 주유소

— S-Oil㈜

We prepare the future for customer happiness

— SK네트웍스㈜

세계를 이끄는 힘, Global Top Leader

— 현대중공업㈜

The Power to Surprise

— 기아자동차㈜

World's No.1 Display Company

— LG디스플레이㈜

Solution Partner

— ㈜LG화학

We make better world

— 삼성물산㈜

All New KT

— ㈜케이티

Global ICT Leader (ICT: Information & Communication Technology)

— SK텔레콤㈜

The Evolution Builder

— 대우조선해양㈜

We Make Business

— ㈜포스코대우

세계 초일류를 향한 도전

— 삼성중공업㈜

세계로 뻗어가는 롯데 쇼핑

— 롯데쇼핑㈜

Steel Innovation

— 현대제철㈜

Excellence in Flight

— ㈜대한항공

Driving science

— 현대모비스㈜

Beyond the Ocean

— ㈜한진해운

Only Shinsegae

— ㈜신세계

Carry Your Dream

— 팬오션㈜

고객의 꿈을 현실로 종합 해운 물류기업

— 현대상선㈜

WE BUILD TOMORROW

— 현대건설㈜

Always by Your Side

— ㈜효성

Best Partner & First Company

— GS건설㈜

It's Possible

— ㈜대우건설

안에서 밖을 만들다

— SK하이닉스㈜

Global Business Challenger

— ㈜LG상사

기본이 혁신이다.

— 대림산업㈜

지구의 가치를 높이는 기술

— 두산중공업㈜

철로 다져가는 행복이 있습니다.

— 동국제강㈜

Safe Today, Happy Tomorrow

— SK머터리얼스㈜

The Dream of Steel

— 현대하이스코㈜

Your Dreamworld

— ㈜한화

Life Energy

— ㈜E1

R&D NO.1

— 한미약품㈜

아름다운 사람들

— 아시아나항공㈜

Power-up for Tomorrow

— 두산인프라코어㈜

창조혁명

— ㈜한진중공업

중형선박 시장의 절대 강자

— ㈜현대미포조선

사람, 사랑

— 삼성생명보험㈜

Realize Your Vision

— 삼성SDS㈜

CJ For Better Life

— CJ제일제당㈜

The Sea Master

— 대한해운㈜

Beyond the best

— 금호석유화학㈜

혁신으로 경쟁력 세계 제일의 제철회사

— 동부제철㈜

1nside Edge

— 삼성전기㈜

Life value creator

— 롯데케미칼㈜

Your Value Chain Partner

— 현대글로비스㈜

Beyond Your Dream

— 한화케미칼㈜

World Best

— STX조선해양㈜

My Life, My Pride

— 삼성카드㈜

Global Business Organizer

— 현대종합상사㈜

Global Leading Developer

— 현대산업개발㈜

Dream Big

— DB그룹

Play it 상상

— ㈜케이티앤지

Driving emotion

— 한국타이어㈜

Expanding your world

— 삼성엔지니어링㈜

Creating a high value lifestyle

— 쌍용자동차㈜

더 좋은 삶을 위한 가치창조

— ㈜케이씨씨

아름다운 기업이 만드는 아름다운 세상

— 금호산업㈜

나의 금융 브랜드는 신한입니다.

— 신한금융지주회사

reFINE today, reFINE tomorrow

— 고려아연㈜

Leading the way together

— 대한전선㈜

World Best

— ㈜STX

세계 속의 금호, 금호 속의 세계

— 금호타이어㈜

신뢰, 열정, 도전

— ㈜LS

세상을 아름답게 하는 힘

— 동부건설㈜

즐거운 게임세상

— 넷마블㈜

끊임없는 변화와 혁신으로 OCI의 새로운 미래를 창조합니다.

— OCI㈜

당신에게 좋은 보험

— 삼성화재해상보험㈜

Challenges & Innovation

— ㈜셀트리온

One & Only, Choice & Concentration

— 코오롱인더스트리㈜

엔지니어링 기반의 선도 종합건설사

— 두산건설㈜

무한한 가능성이 만들어 내는 새로운 통신세계

— SK브로드밴드㈜

세상을 아름답게

— ㈜세아베스틸

Partner for your life

— 태광산업㈜

The Global SCM Innovator

— CJ대한통운㈜

Better Tomorrow 세상을 아름답게

— ㈜세아제강

Global pioneer!

— 경남기업㈜

Advance your life with KPIC

— 대한유화㈜

Taste NongShim Feel the Happiness

— ㈜농심

Beautiful Finish

— 유니온스틸㈜

Only Shinsegae

— ㈜신세계

Asian Beauty Creator

— ㈜아모레퍼시픽

For The Best Quality

— 쌍용건설㈜

사람이 미래다

— ㈜두산

꿈과 미래가 있는 회사

— STX엔진㈜

Solution Partner

— ㈜LG화학

Greenocomotion Leading Innovation, Creating Tomorrow

— LS산전㈜

The First Partner

— LG이노텍㈜

Hidden Champion

— ㈜ 이수화학

Forever You

— ㈜ 한라

Healthy & Beautiful

— ㈜LG생활건강

동부화재의 새 이름

— DB손해보험㈜

나는 내 아버지의 사형 집행인이었다. 2004년 9월 12일 새벽은 내가 아버지 편에 서 있었던 마지막 시간이었다.

— 정유정, 《7년의 밤》

전화벨은 어둠 속에서 혼자 울리고 있었다. 내일 아침에 먹을 식빵까지 사 들고 오느라 짐이 많았던 혜완은 전화벨 소리를 듣고 허둥지둥 열쇠를 밀어 넣었지만 자물쇠는 쉽게 따지지 않았다.

— 공지영, 《무소의 뿔처럼 혼자서 가라》

삶이란 신이 인간에게 내린 절망의 대가이다. 나는 오늘 이 사실을 깨달았다. 그러나 나는 텍스트 그 자체를 거부하였다.

— 양귀자, 《나는 소망한다. 내게 금지된 것을》

바다건 섬마다 꽃이 피었다. 꽃피는 숲에 저녁노을이 비치어, 구름처럼 부풀어 오른 섬들은 바다에 결박된 사슬을 풀고 어두워지는 수평선 너머로 흘러가는 듯싶었다.

— 김훈, 《칼의 노래》

어머니의 칼끝에는 평생 누군가를 거뒤 먹인 사람의 부심함이 서려 있다. 어머니는 내게 우는 여자도, 화장하는 여자도, 순종하는 여자도 아닌 칼을 쥔 여자였다.

— 김애란, 《칼자국》

연습히 부순 없을 하든, 아무 일도 하지 않든 스무 살은 곧 지나간다. 스무 살의 하늘과 스무 살의 바람과 스무 살의 눈빛은 우리를 세월 속으로 밀어 넣고 저희들끼리만 저만치 등 뒤에 남게 되는 것이다.

— 김연수, 《스무 살》

언제 떠올랐는지 모를 그믐달이 동녁 하늘에 비스듬히 걸려 있었다. 밤마다 스스로의 몸을 조금씩 조금씩 깎아내고 있는 그믐 달빛은 스산하게 흐렸다.

— 조정래, 《태백산맥》

나는 서른일곱 살이었다. 그때 보잉 747기의 좌석에 앉아 있었다. 그 거대한 비행기는 두꺼운 비구름을 뚫고 함부르크 공항에 막 착륙하고 있었다.

— 무라카미 하루키, 《노르웨이의 숲》

행복한 가정은 서로 비슷하지만 불행한 가정은 모두 저마다의 이유로 불행하다.

— 레프 톨스토이, 《안나 카레니나》

1815년, 샤를 프랑수아 비앵브뉘 미리엘 씨는 디뉴의 주교였다. 그는 일흔다섯쯤 된 노인으로, 1806년부터 디뉴의 주교 자리에 있었다.

— 빅토르 위고, 《레미제라블》

1801년. 집주인을 찾아갔다가 막 돌아오는 길이다. 이제부터 사귀어가야 할 그 외로운 이웃 친구를, 여긴 확실히 아름다운 고장이다.

— 에밀리 브론테, 《폭풍의 언덕》

그는 멕시코 만류에서 조각배를 타고 홀로 고기잡이하는 노인이었다. 그는 84일 내내 물고기를 단 한 마리도 잡지 못했다.

— 어니스트 헤밍웨이, 《노인과 바다》

항구도시 피레에프스에서 조르바를 처음 만났다. 나는 그때 항구에서 크레타 섬으로 가는 배를 기다리고 있었다.

— 카잔차키스, 《그리스인 조르바》

내 이야기를 하자면, 훨씬 앞에서부터 시작해야 한다. 할 수만 있다면, 훨씬 더 이전으로 내 유년의 맨 처음까지, 또 아득한 나의 근원까지 올라가야 하리라.

— 헤르만 헤세, 《데미안》

한동안 잠을 더 누리고 나서 창가로 다가가 보았지만 배는 그치지 않았다.

— 기 드 모파상, 《여자의 일생》

1771년 5월 4일 훌쩍 떠나온 것이 나는 얼마나 기뻤는지 모른다! 나의 소중한 친구여! 인간의 마음이란 대체 어떤 것일까!

— 요한 볼프강 폰 괴테, 《젊은 베르테르의 슬픔》

장례 행렬은 끝없는 침묵을 뚫으며 앞으로 나아가고 있었다. 노랫소리가 멎으면 그들의 발소리와 말발굽 소리, 간간이 가볍게 부는 바람 소리가 노래를 이어가는 것처럼 느껴졌다.

— 보리스 파스테르나크, 《닥터 지바고》

어느 날, 공중집회소의 홀에서 한 남자가 나에게 다가왔을 때, 나는 이미 노인이었다.

— 마르그리트 뒤라스, 《연인》

참고문헌

닛케이디자인(2016), 《무인양품 디자인》, 미디어샘.

박웅현, 강창래(2009), 《인문학으로 광고하다》, 알마.

수잔 파스크, 크리스 말론(2015), 《어떤 브랜드가 마음을 파고드는가》,
전략시티.

우메다 사토시(2017), 《말이 무기다》, 비즈니스북스.

유니스타드브랜드(2011), 《브랜딩 임계지식 시리즈》, 모라비안유니타스.

윤수정(2012), 《한 줄로 사랑했다》, 달.

이노우에 야쓰오(2006), 《일본의 제일부자 손정의》, 김영사.

장수연 엮음(1998), 《카피라이터가 되씹는 카피들》, 미진사.

HR인스티튜트(2005), 《좋은 컨셉은 어떻게 만들어지는가》

장하늘(2006), 《글 고치기 전략》, 다산초당.